JN123947

上代イニシヘ／ムカシ考

中古への流れにも論及して

田口尚幸

三恵社

目次

第一章　上代におけるイニシヘ／ムカシの使い分け

―イニシヘ断絶／ムカシ連続説の妥当性および『伊勢物語』への流れ―

Ⅰ　序

伊藤博『全注』は、次節で㊇として例示する『万葉集』一三番歌「古」に関し、

> 「いにしへ」は、「往に＝し＝方」の意。現在と遮断された遠く久しい過去を漠然という

と注しながらも、後の伊藤『釈注』の注では、

> 「いにしへ」は「往に＋し＋方」で、現在（今）にずっと続いてきている過去をいう

と、逆のことを述べている。また、類義語ムカシに関しても、伊藤は、『全注』では、

> 現在の自分に向き合ってつながる過去

と注していたにもかかわらず、『釈注』の注になると、

> 現在（今）からは遮断された向こう側の時期として対象化された過去

と、こちらも逆のことを述べる。伊藤は、『全注』でのイニシヘ断絶／ムカシ連続説を反転し、『釈注』ではイニシヘ連続／ムカシ断絶説を説くのである。なお、『全注』の別の巻でも、次節で㊈として例示する「古よ　今の現に」とある四〇九四番歌に関しては、

> 現在から見て地続きの過去をいう言葉だが、測りがたいほど遥かに遠い時代をいうのが原則。

と注するようになっていて（傍点田口）、イニシヘ連続説に傾きつつあることがうかがわれる。

拙稿「山部赤人の藤原家之山池歌の表現方法―『万葉集』三七八番歌に見る〈絞り込み〉とその〈同調〉―」（『万葉赤人歌の表現方法　批判力と発想力で拓く国文学』平22・3鼎書房）では、三七八番歌で用いられる「古」に関し、伊藤『釈注』の前の『全注』のイニシヘ断絶説を援用した（その執筆時に上代におけるイニシヘ／ムカシの使い分けの問題を知り、正反対の二説が並存する混乱を結着させるべく、本書執筆を思い立った）。また、多

田一臣『全解』は、伊藤『釈注』と同じ立場にあり、その三七八番歌や前述した一三番歌等ではイニシへ連続説、三一番歌ではムカシ断絶説を採る。ちなみに、三七八番歌はⅣ節で触れるほか第四章で詳述し、三一番歌は次節で⑤として例示・詳述するが、イニシへ連続説の多田『全解』は、一三番歌に関し「神代」＝「古」ととるべきところ、「『神代』が大和三山の妻争い」で「『古』はより現在に近い人の世の妻争い」と注し、「神代」≠「古」ととる。訳のみ見れば「神代」＝「古」と映るものの、右の注は苦しい（次節・次々節の㊇に関する私見参照）。

　注釈書から辞書に目を移すと、『古典基礎語辞典』が、「いにしへ」の項で、

　上代では、かつて自分が過ごした日々の意味ではムカシを使うことが多いが、その過去の状況が今はすっかり変わってしまって、かつての日々が遠く感じられる場合にはイニシへを使う。イニシへとムカシの意味の違いは物理的な時間の差ではなく、今の自分とつながりがあるかどうかの心理的な差である。

と述べており、「むかし」の項では、イニシへに関し、

　今の自分には縁遠く感じられたりする、自分とのつながりのない、遠く過ぎ去ったこととしてとらえた過去。

と述べ、ムカシに関しては、次のように述べている**【注1】**。

　振り返って、情景・事柄などが思い浮かべられる自分とのつながりのある過去。

「自分とのつながりのない」イニシへ／「つながりのある」ムカシ、とまとめ得る。『基礎語』は、伊藤『全注』・拙稿と同様に、イニシへ断絶／ムカシ連続説を説くのである。また、『角川古語大辞典』も、「いにしへ」の項で、

　元来は、「むかし」が表現主体と連接する過去を表すのに対して、表現主体を離れた過去を表すという区別があった

と述べる。「表現主体を離れた過去を表す」イニシへ／「表現主体と連接する過去を表す」ムカシ、と見る点で、イニシへ断絶／ムカシ連続説と言える。

　対して、『日本国語大辞典　第二版』は、伊藤『釈注』・多田『全解』と同じイニシへ連続／ムカシ断絶説の立

場にあり、「いにしえ」の項には、次のようにある。

> 「いにしえ」は「往にし方」の原義が示すように、「時間的」にものをとらえる場合に用いて「今」と連続的にとらえられるのに対して、「むかし」は、そのような「過ぎ去る」という時間的経過の観念が無く、「今」とは対立的に過去をとらえる場合に用いる。

イニシヘは「『今』と連続的」な線で「とらえ」、ムカシはそうでない「対立的」な点で「とらえる」、とまとめられる。イニシヘ連続／ムカシ断絶説と見なせるが、とは言え、同書同項には、イニシヘが「直接に体験していないはるか以前について使われることが多」かったことも、ムカシが「直接体験した懐かしく、忘れがたい、近い過去を多く意味した」ことも、併記されていて、注意が必要となる。この経験外／内の過去に対するイニシヘ／ムカシ多用に関しては、「自分とのつながりのない」イニシヘ／「つながりのある」ムカシ、としていた『基礎語』や、「表現主体を離れた過去を表す」イニシヘ／「表現主体と連接する過去を表す」ムカシ、としていた『角川古語』、および、「遥か彼方へ去っていってしまった」イニシヘ／「もっと近い、自らの回想や記憶の中」にあるムカシ、とする『歌ことば歌枕大辞典』も（「昔」の項からの引用で、「古へ」の項にも同内容の指摘がある）、同様な立場と考えられる。私などは、イニシヘが「直接に体験していないはるか以前」の過去に対し多用されたなら断絶的、ムカシが「直接体験し」ている「近い過去」に対し多用されたなら連続的、と素直に思ってしまうけれど、イニシヘ断絶／ムカシ連続説でなくイニシヘ連続／ムカシ断絶説になっているのである。そして、刊行中の『古語大鑑』の「いにしえ」の項になると、次のようなイニシヘ連続／ムカシ断絶説が紹介される（傍点田口）。

> 「往（い）にし辺（へ）」（「し」は回想の助動詞の連体形）の意で、本来は、話者が、かつて経験し、或いは現在まで継続的に意識している、過去の時期を指す語とされる。これに対して「むかし」は、本来は話者の意識とは関係なく、過去の或る時点を指す表現として「いにしへ」と区別されたとされる。確かに「いにしへよりこのかた」「いにしへみしひと」などの例や「むかし男ありけり」の例などはこの区別をよく反映して

いると思われる

もし、「話者が、かつて経験し」た過去に対してはイニシヘ使用「とされ」、「話者の意識とは関係な」い過去に対してはムカシ使用「とされる」としたら、経験外の過去に対するイニシヘ多用とは逆になり、経験内の過去に対するムカシ多用の説明も難しくなる。しかし、辞書だけ見ても、経験外／内の過去に対するイニシヘ／ムカシ多用が定説と言えるほど認められていたし、同意見の論文には、望月郁子「イニシヘ・ムカシ考」(「常葉女子短期大学紀要」昭44・11)や(注21で引用する反イニシヘ断絶／ムカシ連続説派の論文も望月説を「確か」と認めている)、近藤章「古の人にわれあれや」(『論集上代文学　第八冊』昭52・11笠間書院)もある。経験外／内の過去に対するイニシヘ／ムカシ多用からは、おのずと、イニシヘ断絶／ムカシ連続説の妥当性が導き出されるのでは、と考えられるのに、それを避けるとは理解できない。さらに驚くべきは、各々「とされる」までつながる「話者が、かつて経験し」た過去および「話者の意識とは関係な」い過去に関する記述で、何によったのか明示されていない。明示してほしかった。あるいは、従来言われてきた経験外、／内の過去に対するイニシヘ／ムカシ多用を、逆の経験内／外の過去に対するイニシヘ／ムカシ多用にねじ曲げると、イニシヘ連続／ムカシ断絶説に合うからなのか(第五章参照)。併記されていて注意が必要であった『日本国語』の「いにしえ」の項より、『大鑑』の「いにしえ」の項の方が、整合性あるかたちには映るものの、自説にとって都合の悪そうな例や説、それも定説と言えるほどの説に目を背けていて頷けないし、ねじ曲げて得た整合性には頷けない。当然、そのイニシヘ連続／ムカシ断絶説にも従えないし、「いにしへみしひと」の例示は特に気になる**[注2]**。加えて、同書同項は、

> 一方、古くから両者の区別が判然としない例も多い。平安時代以後、混用されたと言われるが、その原因についても、尚判然としない面が残る。

とつづき、最後の結論を曖昧にして結んでしまっている。右のような結び方をする前に、正反対のイニシヘ断絶／ムカシ連続説および経験外／内の過去に対するイニシヘ／ムカシ多用を知悉してから執筆すべきであったので

はないか。これほど大きな辞書のこれほど重要な項がこんなさまでは、批判せざるを得ない。

さて、以上のようにイニシへ連続／ムカシ断絶説の方に勢いがあるのは、影響力ある先行研究があるからと考えられる。まず思い浮かぶのは、西郷信綱「神話と昔話」(『神話と国家　古代論集』昭52・6平凡社）のイニシへ連続／ムカシ断絶説である**［注3］**。本章では、次節で、西郷のイニシへ連続／ムカシ断絶説を批判し、イニシへ断絶／ムカシ連続説の妥当性を説き、次々節では、西郷説を「概ね当たっていると」見ながらもイニシへ連続／ムカシ断絶説をイニシへ同質／ムカシ異質説に換える、山口佳紀「説話文献の文体史的考察」(『古代日本文体史論考』平5・4有精堂）に対し、やはり、批判し、イニシへ断絶／ムカシ連続説の妥当性を説く。西郷説と同じく、山口説や次々節でとりあげる西條説も、影響力があると思われる。大きな辞書や注釈書の間で正反対の二説が並存する混乱を、放置していいのか。混乱収束に向け議論をはじめさせ、イニシへ断絶／ムカシ連続説に結着させたい。その打開策の一つとして一書にまとめて刊行するのが、本書なのである。もちろん、本章・第四章には、前述の拙稿で知った問題を解き、そこでの私見を裏付ける役割もある。

なお、本章でとりあげる本文は、『新大系』によった『続日本紀』と『岩波文庫』によった『古語拾遺』と『集成』によった『伊勢物語』を除き、『新編全集』によっており、『万葉』の歌番号と『伊勢』の章段番号以外は同書の頁数（および巻数）で示し、小字で示される箇所や『風土記』の逸文は対象外とした。

注1　「いにしへ」の項も、「むかし」の項も、白井清子が担当。白井には、「イニシへとムカシをめぐって」(「学習院大学上代文学研究」平10・3）もある。

2　例示される三例のうち、「いにしへよりこのかた」は次々節で「古より以来」「往古より今来」「古より以降」としてとりあげ、「むかし男ありけり」はⅣ節で『伊勢』各段冒頭の時代提示に用いられる常套表現『むかし』としてとりあげて、イニシへ連続／ムカシ断絶説ならぬイニシへ断絶／ムカシ連続説の妥当性を述べる。残る「いにしへみしひと」の典拠は知り得ず、知りたいところであるが、上代の例で誰もが即、思い浮かべるのは、ムカシ連続説の妥当性がわかる、望月もあげる「ムカシ見シ」と考えられるし（次節参照）、『歌ことば』の「昔」の項にも、「『昔見し』という句」が「『むかし』でとらえる過去の性格を端的に示」すことが明示されている。『大鑑』の「いにしえ」の項がそちらでなく「いにしへみし」を出してくるのは、大いに疑問である。また、仮に語源的に「いにしへ」の「し」を「話者」の「回想の助動詞」ととったとしても、『基礎語』が「いにしへ」の項で言う「かつての日々が遠く感じられる場合」ととれば問題なく（心理的に遠く断絶的で漠然と感じる例は次節で示す）、語源説から「いにしへ」を経験内の過去と決めることもできない。

3　西郷『古事記注釈　第二巻』昭51・4平凡社三四七～三四八頁にも、これに似たイニシヘ連続／ムカシ断絶説が示される。ちなみに、西郷説支持の知名度ある研究者には、三谷邦明もいる（『物語文学の方法　Ⅰ』平1・3有精堂一三一頁）。

Ⅱ　イニシヘ連続／ムカシ断絶説の問題とイニシヘ断絶／ムカシ連続説の妥当性

本節では、前節で予告したとおり、西郷のイニシヘ連続／ムカシ断絶説を批判するとともに、イニシヘ断絶／ムカシ連続説の妥当性を説いていく。

西郷は、『万葉』歌中から次の例をあげ、イニシヘ連続／ムカシ断絶説を展開する。○内に番号を付したが、ムカシ使用例には算用数字、イニシヘ使用例には漢数字を使い、区別してある。両語のない⑶は、○にしていない。

①昔こそ難波田舎と言はれけめ今は都引き都びにけり　（三一二）

②昔見し象の小川を今見ればいよよさやけくなりにけるかも　（三一六）

⑶常磐なす岩屋は今もありけれど住みける人そ常なかりける　（三〇八）

④岩屋戸に立てる松の木汝を見れば昔の人を相見るごとし　（三〇九）

⑤楽浪の志賀の大わだ淀むとも昔の人にまたも逢はめやも　（三一）

㊅古の人に我あれや楽浪の古き京を見れば悲しき　（三二）
㊆眉根掻き下いふかしみ思へるに古人を相見つるかも　（二六一四）
㊇神代より　かくにあるらし　古も　然にあれこそ　うつせみも　妻を　争ふらしき　（一三）
㊈ますらをの　清きその名を　古よ　今の現に　流さへる　祖の子どもそ　（四〇九四）

これらを読んで分るのは、①②④、および、④につながる⑶から（⑶が算用数字なのは④につながるため）、「昔」と「今」との間には断絶があり、「昔」なるものが「今」から、「今」とは異なる時期として対象化されていることである。

「昔」に関し、西郷は、

と述べ、④⑤「昔の人」に関しては、

「昔」は「今」から切れた向う側の世界であり、したがって「昔の人」にはもう逢えぬわけで、昔を今になすよしもがなの歎きがそこに生じる。

と述べる**[注4]**。これがムカシ断絶説に当たり、対して、イニシへ連続説の方は、

イニシへの方には、「今」にずっと続いて来ている過去という性格が強いように思う。語の構成からも、ムカシとは違ってそこでは回想の眼なざしが遙かに、そして真直ぐに過去の方に延びていっている趣が見てとれる。

と述べて、㊇㊈を「そのへんの機微を知るに役立つ」例として示している。

あるいは、ムカシと人事の現況が異なる①④⑤からムカシ断絶説を説かれ（②の自然は異なるともとれる一方、「さやけ」さは同じともとれる）、イニシへと現況が同様な㊇㊈からイニシへ連続説を説かれれば、西郷の知名度や前節で見たイニシへ連続／ムカシ断絶説の勢いから、西郷説が魅力ありそうに映るかもしれないが、この少ない例示に、簡単に頷いていいいのか。自説にとって都合よさそうな例ばかり示し、都合の悪そうな例は避けていないか、把握した上で、是非を決める必要がある。たとえば、後述する例や第五章で述べる例を見るだけでも、ムカ

シと現況が同様な例およびイニシへと現況が異なる例を知り得て**【注5】**、㈧㈨／①②を論拠に用いるイニシへ連続／ムカシ断絶説の魅力は減じるし、後述するごとく、④⑤「昔の人」が用いられる文脈を理解できれば、④⑤がムカシ断絶説の論拠たり得ないことがわかる。そして、イニシへ連続／ムカシ断絶説に対し何より疑問をおぼえるのは、前節で『大鑑』に対して述べたのと同じく、イニシへ断絶／ムカシ連続説の妥当性を導き出せそうな、経験外／内の過去に対するイニシへ／ムカシ使用例のあつかいである。以下、イニシへ連続／ムカシ断絶説派にとって都合の悪そうなそれは当然含め、ほかにも広く深く例に当たって、判断を下していく。

　では、参考になる例にも適宜当たりつつ、①から順に見よう。

　難波宮改造担当者の藤原宇合が過去に比べ「都びにけり」と詠む①に関しては、彼にとって「田舎」であった過去は熟知のことと思われ、とすると、「直接体験し」ている連続的な「近い過去」が「昔」ということになる。『新編全集』の注によれば、「五年半の歳月を費やして―中略―完成し」ていて、それほどの「歳月」で「都び」たなら、そして、担当者自身の記憶であれば、その過去は近く連続的な過去あるいは明確な過去で、ムカシ断絶説ならぬムカシ連続説が妥当と考え得る（ムカシが連続感のほかに明確性も受けもつ点に関しては、イニシへが断絶感のほかに漠然性も受けもつ点と併せ、本節終盤までで揺るぎないものにする）**【注6】**。

　「象の小川を」過去「見」たことを詠む②も、近く連続的な過去あるいは明確な過去なのは明らかと思われ、そこでは「昔」が用いられている。ムカシが「直接体験した懐かしく、忘れがたい、近い過去を多く意味した」ことと符合する点は（「ムカシ見シ」に関する望月の指摘もあり、それは後述）、前述の①もこの②もそうで、やはり、ムカシ断絶説ではなく、ムカシ連続説が妥当と言える。

　④は、「昔の人」が用いられるべき文脈に気づけば、ムカシ断絶説の論拠たり得ないことがわかる、と考える。④につながる(3)の「住みける人」が「直接に体験していないはるか以前」の遠く断絶的で漠然とした過去の「人」であっても、(3)「住みける人」と④「昔の人」がイコールの関係でなければ、ムカシ連続説でいいはずである。

「昔の人を相見るごとし」とあるが、これは「住みける人」のいなくなった石室に立つ松の木にたいしてこういっている

と西郷は述べ、たとえば、伊藤『釈注』にも、

ゆかりの松の木を古人に見立てながら偲んでいる

とあって、「住みける人」と「昔の人」を同一視していることがわかる。けれども、私は、次のような文脈ととる。

「住みける人」＝Aを想像させる「松の木」を「見」ると身近に感じ、その感じは、あたかも私が知っている近く連続的で明確な過去の「人」＝B「を相見るごと」き感じである。

これなら、近く連続的で明確な過去の「人」を「昔の人」と詠んだことになる。一般的には、「住みける人」＝Aを想像させる「松の木」を「見」て、遠く断絶的で漠然とした過去の「人」＝A「を相見るごと」く感じる、といったA＝Bの文脈と思いそうになるが、ムカシが「直接体験した懐かしく、忘れがたい、近い過去を多く意味した」点や、後述する、故人生前の時代あるいは故人自身に対し断絶感・漠然性のイニシへ使用が基本とされる点も考え併せると、要するに、広く深く例に当たると、「住みける人」と「昔の人」は同一視すべきでなく（A≠B）、身近に感じる者のたとえとして仮想される、近く連続的で明確な過去の「人」と見ていい（第五章で論じる『古今』九〇九番歌に似た点があり、参照されたい）。当然、ムカシ断絶説でなくムカシ連続説が妥当である。

⑤は、柿本人麻呂近江荒都歌の第二反歌である。こちらは、同じく彼が近江荒都の都時代を偲ぶ、

近江の海夕波千鳥汝が鳴けば心もしのに古思ほゆ

という二六六番歌との比較から、イニシへ／ムカシを使い分ける基準を説明でき、イニシへ連続／ムカシ断絶説ならぬイニシへ断絶／ムカシ連続説が妥当との結論に至る。人麻呂にとってこの荒都の都時代がどれほど過去かについては、伊藤『釈注』が、近江荒都歌に関し、六七二年の「壬申の乱を十数年昔に置いての詠」と述べている（彼が六八〇年当時「最小限二十五、六歳程度に達していた」と推測する同書に従えば、六七二年当時は若く

て一七歳となる)。彼にとっての荒都の都時代は、絶対的な時間の尺度だけで見るなら、「直接体験し」ている連続的で明確な「近い過去」に当たり、⑤は、近く連続的で明確な過去の「人」を「昔の人」と詠んでいることになる。これは、経験内の過去に対するムカシ多用と符合する。ただし、⑤の文脈は単純ではなく、精確な文脈理解が必要となる。歌意は、「楽浪の志賀の大わだ」が当時のまま「淀」んでいても「昔の人」に再会できない、というもので、上句で自然の不変・連続感、下句で人事・断絶感の変化を詠んで対比する点は、

楽浪の志賀の唐崎幸くあれど大宮人の船待ちかねつ

といった三〇番の第一反歌から承継されている(「大宮人の船待ちかねつ」に関し「唐崎を主語とする擬人的表現」と注する稲岡耕二『和歌文学大系』は、「人麻呂には対象と同化した表現が多い」とも注しており、となれば、『新編全集』が「大宮人を待って淀んでいたとしても」と注する⑤に関しても、「擬人的表現」の承継は考えられるし、「対象と同化し」て「昔の人にまたも逢はめやも」と言っているなら、「同化」の承継も考えられる)。私は、この自然の不変・連続感/人事の変化・断絶感という対比と第一反歌からの承継に注目し、次のような文脈ととる。

「楽浪の志賀の大わだ」が変わらず「淀」んでいても、都も変わらずつづいていて、そこの「昔の人」(「直接体験し」ている連続的で明確な「近い過去」に会った「人」を仮想し、第一反歌「大宮人」をさす)に再会する、などといったことがあり得ようか。否、あり得ない。

すなわち、「大わだ」が「淀」んだままの自然の不変に導かれて都=人事の不変を仮想し、そこで近く連続的で明確な「昔の人」=「大宮人」に再会する状況も仮想して、最後にその仮想を否定する、という文脈である。荒都化した現況を踏まえない仮想の段階で「昔の人」と詠むわけであるが、対して、同一の詠者が荒都化した現況を踏まえる場合は、二六六番歌のように「古思ほゆ」と詠んで「古」を用いると考えられる。なお、『万葉』歌のなかで旧都の都時代がどう詠まれるか、広く深く例に当たって示すと、二六六番歌に加え、自分は近江荒都の都時代そこにいた「人」かと詠む㊅の武市古人歌と、「明日香の古き都」を詠む三二四番の赤人歌が、「古」を用いて

いる。旧都の都時代に対しては、イニシへ使用が基本であることがわかる【注7】。つまり、同一詠者が同一対象を詠む二六六番歌／⑤が「古／昔」を使い分けるのは、荒都化した現況を踏まえる／踏まえない、ひいては、心理的に遠く断絶的で漠然と感じる／感じない【注8】、という基準によっているものと思われる（「心理的な差」を基準とすることは『基礎語』も説いていた）。そして、荒都の都時代を心理的に遠く断絶的で漠然と感じる二六六番歌「古」は、〈絶対的には近く連続的であるものの心理的には遠く断絶的なイニシへ〉といった例の存在を意味する。望月も、㊆および『万葉』四五—四六・一七九八・三七九一番歌「古」五例を示し、

「過ぎ去ってしまって今はもうない」という気持ちを強調した用法であろうか。

と述べている（「上代のイニシへ」中の「近い過去をさすイニシへ」）。ここで、〈絶対的には近く連続的であるものの心理的には遠く断絶的なイニシへ〉の参考となる例を示そう。それは、「老翁」が「娘子等」に向けて詠む、

古　ささきし我や　はしきやし　今日やも児らに　いさにとや　思はえてある

という三七九一番歌である（『新編全集』は、右を「その昔　こうも華やかにもてていたわたしが　なんということだ　今日は皆さんに　ほんとかしらと　思われているのではないかな」と訳す）。絶対的には近く連続的で明確な自分の青年時代も、「老」いさらばえた「翁」になった現況を踏まえると、落差が著しく、心理的には遠く断絶的で漠然と感じられる。遠く断絶的で漠然とした過去として見たい場面はイニシへ使用となるわけで、二六六番歌「古」も同様ととれるはずである。仮想段階で近く連続的で明確な過去の「人」を「昔の人」と詠む⑤と併せれば、すなわち、以上のごとく広く深く例に当たれば、イニシへ連続／ムカシ断絶説ではなく、イニシへ断絶／ムカシ連続説が妥当と言うことができて、⑤はムカシ断絶説の論拠たり得なくなる。

次は、㊆。㊆は、⑤㊅に関する、

「昔の人」と「古の人」とはやはり等価ではなく、少なくとも「いにしへびとにまたも逢はめやも」、あるいは「昔の人に我あれや」とはいえなかったはずである。

という文の注のところで例示される。「万葉では『いにしへびと』」が「ふるなじみの意に用いられている」例として示され、右の文は、次の文へとつづいている。

源氏物語などでも、前世のことを「昔の世」、故人のことを「昔の人」といっている。これと同じ意味で「古の世」「古の人」といい変えることはできなかっただろう。

察するに、イニシヘ連続／ムカシ断絶説の西郷は、「相見」た「古人」＝「ふるなじみ」は近く連続的で明確な過去の「人」で（㊆）、故人をさす「昔の人」は遠く断絶的で漠然とした過去の「人」（『源氏』）、と言いたいのではないか（とすると、㊅「古の人」に関しては、荒都の都時代そこにいた「なじみ」深い「人」＝近く連続的で明確な過去の「人」と言いたいのでないか）。しかし、㊆も、イニシヘ連続説の論拠たり得ない。「下いふかしみ」に注目したい。稲岡『全注』には、次のようにある。

関係の絶えていた以前の夫の思いがけない来訪を驚き喜んだ女性の歌。「下いふかしみ」に「逢うべき人のいないことを暗示している」と言う（窪田評釈）。

「関係の絶えていた以前の夫の思いがけない来訪を驚」いているなら、相手は、絶対的な時間の尺度だけで見れば、遠く断絶的で漠然とした過去の「人」ではないけれど、心理的に遠く断絶的な、もはや漠然とした過去の「人」、ということになるはずであり、そういった、遠く断絶的で漠然とした過去として見たい場面で、「古人」と詠んでいるのである。この「古」は、望月が「『過ぎ去ってしまって今はもうない』という気持ちを強調した用法」とする「近い過去をさすイニシヘ」五例に含めていたし、「上代のイニシヘ」中の「知らぬ過去、忘れかけた過去を言うイニシヘについて」であげる三例に含めてもいる（㊆が「忘れかけた過去」で、『万葉』三一三・一〇九六番歌が「知らぬ過去」）。このように広く深く例に当たるなら、〈絶対的には近く連続的であるものの心理的には遠く断絶的なイニシヘ〉と言える。となれば、断絶感、および、それと結び付く漠然性で説明し得る。イニシヘ連続説ならぬイニシヘ断絶説が妥当と言える（㊅も断絶感・漠然性ゆえのイニシヘ使用ととれることは、後述）。

さて、西郷は、イニシヘ連続説と対をなすムカシ断絶説の論拠として、『源氏』で故人がどう示されるかをあげていた。これに対しては、批判せねばならない【注9】。批判すべき点は、二つある。

一点目。西郷自身、注のところで、「平安朝になると」イニシヘ／ムカシ「の区別はしだいにぼやけてゆ」くと述べているにもかかわらず、なぜ中古の『源氏』の例を論拠として出してくるのか。確かに、次々節や第五章で論じる、上代の例の名残と考えられる、上代に比較的近い頃の中古の例もあるとは言え【注10】、上代の例を論じるのに中古の例を論拠に用いるのは、上代↓中古でイニシヘ／ムカシ使い分けの曖昧化が進んでくると認められる以上（次々節でも予告するが、第五章で、その明らかな例を示すべく、『落窪物語』『源氏』『拾遺集』『後拾遺集』あたりを見る）、危険である。広く深く例に当たった上で出してきた論拠とは、認められない。

二点目。故人への思いが主題となる上代の『万葉』歌のなかで、故人生前の時代あるいは故人自身に対しイニシヘ／ムカシいずれを使用するか、広く深く例に当たりつつ調べると、以下のように、イニシヘ断絶／ムカシ連続説が妥当との結論に至るように思う。まず、故人への思いを主題とし、かつ、故人生前の時代あるいは故人自身にイニシヘを使用する例は、少なくない。『新編全集』の訳・注で示せば、四五―四六番歌の故「日並皇子がここに来られた時のこと」「故皇子のいらした当時」、一一一―一一二番歌「亡き父帝」「亡き人」、一四四番歌の故「有馬皇子の変があった当時」には、みな、「古」を用いているし、挽歌である一七九八番歌も、

古に妹と我が見しぬばたまの黒牛潟を見ればさぶしも

となっており、この「古」に関しては、『基礎語』が「自分が以前過ごしたが、ずっと遠いことに思える過去」の例として示し、『歌ことば』が「妻と過ごした時を、妻を亡くした今からは遥かな彼方となってしまったという心情の反映」を「読みと」っている【注11】。また、「真間娘子」「浦島子」「菟原処女」等の伝説の時代も故人生前の時代にほかならず、四三一・一七四〇・一八〇一―一八〇三・一八〇七・四二一一番歌では、やはり、「古」が用いられる。旧都の都時代に対し断絶感・漠然性のイニシヘ使用が基本であったのに類して、故人生前の時代ある

いは故人自身に対しても断絶感・漠然性のイニシヘ使用が基本と思われ、断絶感・漠然性の点で、イニシヘが「直接に体験していないはるか以前について使われることが多」かったことと符合する。そして、荒都の都時代を「古」と詠む二六六番歌が〈絶対的には近く連続的であるものの心理的には遠く断絶的なイニシヘ〉の例と考えられたのと同じく、故「妹」生前の時代を「古」と詠む一七九八番歌も〈絶対的には近く連続的であるものの心理的には遠く断絶的なイニシヘ〉の例と考えられる（絶対的な時間の尺度だけで見れば、「直接体験し」ている連続的で明確な「近い過去」に当たる荒都の都時代を、二六六番歌で心理的に遠く断絶的で漠然と感じていたように、一七九八番歌では、「直接体験し」ている連続的で明確な「近い過去」である故「妹」生前の時代を、心理的に遠く断絶的で漠然と感じているように思う）。旧都の都時代に対しても、故人生前の時代あるいは故人自身に対しても、イニシヘ使用が基本なのは、絶対的な時間の尺度はともかく、心理的に遠く断絶的で漠然と感じるからと見ていい（㊅「古の人」に関しても、このように広く深く例に当たれば、荒都化の断絶感・漠然性ゆえのイニシヘ使用ととるべきことがわかるため、前述した「『なじみ』深い『人』＝近く連続的で明確な過去の『人』」といったとらえ方には頷けない）。ここまで見た限りで言っても、イニシヘ連続説ではなく、イニシヘ断絶説が妥当と考え得る。つづいて、故人への思いを主題とし、かつ、「昔」を用いる例にも当たると、目につくのは、

昔こそ外にも見しか我妹子が奥つきと思へば愛しき佐保山

移り行く時見るごとに心痛く昔の人し思ほゆるかも

という四七四・四四八三番歌くらいで**【注12】**、少ない上に、前者は、「我妹子」の死など予想だにせず「佐保山」を「外にも見」ていた経験内の過去が「昔」なのであって、故「我妹子」生前の時代を心理的に遠く断絶的に感じて、あるいは、漠然と感じて、ムカシを使用しているわけではない。もし故人生前の時代をさして詠む文脈であったら、前述の基本どおり、イニシヘを使用したと考えられる。ここは、後述する、ムカシの連続感・明確性がわかる望月の「ムカシ見シ」に関する指摘に従いたい。一方、後者の大伴家持歌にある「昔」は、故人生前の

時代をさし、それに対するイニシへ使用の基本からはずれる。けれども、この場合、故「人」が未だ心理的に遠く断絶的になりきっていない、まだ漠然としていない点こそが、重要と思われる。「昔の人」が誰をさすかに関し、

前年五月二日聖武天皇没し、この年一月六日諸兄が死んだ。貴族暗闘の醜い時局を敏感に読み取りつつ、これらの人々を心にしながら詠んだ歌であろう。

と、『集成』は注する（「この年」は七五七年）。前年・年内にそれほどの重要人物が他界している点は念頭に置きたいし、『集成』が「次々と移り変ってゆく季節のありさまを見るたびに」と訳す「移り行く時見るごとに」からは、未だ心理的に遠く断絶的になりきっていない、まだ漠然としていない故「人」像が浮かんでくる。説の分かれるところではあるものの、右の見方が妥当ではないか。他界したのが前年・年内といった比較的近時で、折に触れ何度も、そして、「心痛」いほど強く「思」い出される、心理的に近く連続的で明確な故「人」（望月は、「上代のムカシ」中の「故人に関連して用いられるムカシ」でこの歌も例示し、「強烈、鮮烈な印象を伴って思い出される過去の人が、ムカシノヒトである」としていて、「強烈、鮮烈な印象」と見る点はムカシの明確性として頷けるが、「昔の人」＝「亡父旅人（七三一年没）」と見る点には頷けないので、この歌をまたとりあげる第四章の注のところを参照されたい）。そういう「人」を「昔の人」と詠んでいるわけで、故人への思いを主題とし、かつ、「昔」を用いる例にまで当たった上で言っても、ムカシ断絶説ならぬムカシ連続説の妥当性は揺らがないのである。

残るは、西郷がイニシへ連続説の論拠とする㊇㊈。㊈に関しては次節の〈イマに連なるイニシへ〉のところで論じるとして、本節では㊇に関してのみ論じる（㊇も含めて広く深く例に当たるのは、次節までつづく）。

はじめに、西郷が、「そのへんの機微を知るに役立つ」例として㊇㊈を示した、「イニシへの方には、『今』にずっと続いて来ている過去という性格が強」く、「ムカシとは違ってそこでは回想の眼なざしが遙かに、そして真直ぐに過去の方に延びていっている」、という点に関し、批判しておく。㊇は「妻を　争ふ」ことが「古」＝大和三山の伝説の時代も「うつせみ」＝イマも同様、と詠んでおり（㊈「古よ　今の現に」は「代々の大伴・佐伯氏が

『名を』伝えてきた時間をさ」す旨、次節参照)、ゆえに、西郷は、イマからはるか遠い過去を思う「回想の眼なざし」を読んだと考えられるけれど、それなら、「古」ならぬ「昔」を用いる次の『万葉』歌❶〜❺も変わらない。

❶紀伊の国の昔猟夫の鳴る矢もち鹿取りなびけし坂の上にぞある　(一六七八)

❷今日の日にいかにか及かむ筑波嶺に昔の人の来けむその日も　(一七五四)

❸人妻に　我も交はらむ　我が妻に　人も言問へ　この山を　うしはく神の　昔より　禁めぬ行事ぞ　今日のみは　めぐしもな見そ　事も咎むな　(一七五九)

❹昔より言ひけることの韓国の辛くもここに別れするかも　(三六九五)

❺夜くたちて鳴く川千鳥うべしこそ昔の人もしのひ来にけれ　(四一四七)

現在地に関し伝説の「猟夫」が「昔」狩猟した地であると詠む❶、「昔の人の来けむその日」と「今日の日」の「筑波嶺」登山を比べる❷、「神の昔」も「今日」も筑波「山」での乱交の慣習が「禁」じられていないと詠む❸、「昔」からの伝承どおり「辛」さをイマ実感している❹【注13】、「昔の人」が「川千鳥」の声を賞美してきたことにイマ納得している❺。イマから思うはるか遠い過去という点では、伝説の「昔」や「神の　昔」をさす❶❸は、当然、当てはまるし、❷❺に関しても、「昔」を用いるのは、はるか遠い過去の登山や賞美をイマから思う文脈においてである。❹でも、はるか遠い過去以来の伝承を「昔より言ひけること」とし、そのとおりに自分もイマ思っている。❶〜❺からは、みな、㈧(および㈨)同様の「回想の眼なざし」を読める。要するに、㈧(および㈨)や❶〜❺のようなかたちになっていれば、「古/昔」どちらを用いていても、「回想の眼なざし」は読めるのであって、ムカシにないイニシへ独自の特徴として「回想の眼なざし」を読む西郷説は成り立たないと考えられる。これまでも思ったが、広く深く例に当たらない、都合よさそうな例ばかりでの判断は、十分な強度を有し得ない。

　ちなみに、❶〜❺「昔」がはるか遠い過去をさすのであれば、ムカシが「直接体験した懐かしく、忘れがたい、近い過去を多く意味した」ことと一見相容れなさそうに映るかもしれない。しかし、「直接に体験していないはるか以前について使われることが多」かったイニシへのなかにも〈絶対的には近く連続的であるものの心理的には遠く断絶的なイニシへ〉があったように、「直接体験した懐かしく、忘れがたい、近い過去を多く意味した」ムカシのなかにも〈絶対的には遠く断絶的であるものの心理的には近く連続的なムカシ〉はあるはずで、それが❶〜❺「昔」と思われる。注目すべきは、❶〜❺が、明確に、過去の伝説・古来の慣習を信じたり、過去のさまをイメージしたり、古来の伝承に頷いたりしている点**［注14］**。❶❸では、過去の伝説・古来の慣習を明確に信じて、「坂の上にそある」「禁めぬ行事ぞ」と強く詠むし、❷❺では、過去のさまを明確にイメージした上で比べ、「いかにか及かむ」と反語で断じたり**［注15］**、「うべしこそ」と納得したりする。❹では、古来の伝承に明確に頷き、「辛くもここに別れするかも」と実感する**［注16］**。まとめると、漠然とではなく、明確に信じ、イメージし、頷くのは、はるか遠い過去の、絶対的に遠く断絶的で漠然とした事象でも、心理的に近く連続的で明確と感じるからで、そこで「昔」が用いられれば、ムカシ断絶説でなくムカシ連続説が妥当と言える（ムカシが連続感のほかに明確性も受けもつとわかる）**［注17］**。

一方、一三番歌後半に当たる㊇は、絶対的に遠く断絶的で漠然とした始原的過去「神代」すなわち「古」を（注23参照）、心理的にも遠く断絶的で漠然と感じるゆえに、「かくにあるらし」「争ふらしき」と、ラシで推定的態度を保つと考えられる（推量ならぬ推定であるが、断定とまではいかない点から、漠然性を読みとる）。こちらは、断絶感・漠然性のイニシへ使用と思われ、もちろん、イニシへ断絶説が妥当と言い得る。なお、㊇前後にある、

香久山は　畝傍雄雄しと　耳梨と　相争ひき

香久山と耳梨山とあひし時立ちて見に来し印南国原

という一三番歌前半・一四番反歌にも注目し、㊇を含む一三―一四番歌をつなぎ読むと、第四章で詳述する『万葉』一七四〇・一八〇七番の高橋虫麻呂の伝説歌との共通性に気づく。「浦島子」「真間娘子」の伝説を詠む両例は、ともに、「古」を用いる導入部が詠者のイマを示し、イマを示す点は終結部も変わらず、円環する頭尾で中央

部＝伝説をはさんで、それを特立させている。そして、前にある導入部のイニシへは、伝説の時代との断絶感・漠然性を示す。対して、一三—一四番歌は、㊇の前後が、詠者のイマを示す㊇を特立させる。「浦島子」「真間娘子」の伝説を詠む両例とは逆のかたちで、両例が○●○なら、一三—一四番歌は●○●となり、㊇のイニシへは、前後の伝説の時代との断絶感・漠然性を、やはり、示している。かたちは逆でも、接する部分の伝説あるいは神話の時代との断絶感・漠然性をイニシへが示す点は共通し、その共通性こそ重要と考える。並べて見ると、イニシへの断絶感・漠然性がよりはっきりする。このように見るのも、広く深く例に当たるということなのである。

ここで、前述した望月論文の「上代のイニシへ」にある「知らぬ過去、忘れかけた過去を言うイニシへについて」の指摘を援用し、❶〜❺や㊇を例に、ムカシの連続感・明確性およびイニシへの断絶感・漠然性に関する私見を揺るぎないものにしよう。望月は、例示の前に、「ムカシ見シ」と「知ラヌ」の関係を、

> 遠い過去を言うイニシへは、転じて、遠いがゆえに知らぬ過去、忘れかけた過去を言う場合が出てくる。
>
> —中略—
>
> ムカシは、ムカシ見シと使われ、直接体験し、今も印象鮮やかに生きている過去を言い、知ラヌとともには現われない。

と述べている**【注18】**。イニシへ／ムカシの断絶感・漠然性／連続感・明確性がわかる指摘である。そして、イニシへの断絶感・漠然性を補足すれば、イニシへ—ケムの親和性も要注目と考えられる。注15で述べた❷のムカシ—ケムの例を除くと、『万葉』歌中にはイニシへ—ケムの親和性を示す例ばかりが目立つ。たとえば、四三一・四九七・一一一八・一一六六番歌「古にありけむ人」をはじめ、一〇三五・一一一一・一七二五・一八〇一・一八〇三・一八一四・四〇〇三番歌等、多くをあげることができて**【注19】**、イニシへの断絶感・漠然性がわかる（漠然とした断絶的過去に対し推量するため、イニシへ—ケムになる、ととる）。このうちの四九七・一一一一・一一一八番歌に関しさらに言えば、「回想の眼なざし」を読める❺に類するかたちで、次のようになっている。

古にありけむ人も我がごとか妹に恋ひつつ寝ねかてずけむ
古もかく聞きつつかしのひけむこの古川の清き瀬の音を
古にありけむ人も我がごとか三輪の檜原にかざし折りけむ

過去の伝統に明確に頷く❺とは対照的に、みな、過去のさまを漠然と推量している【注20】。同じく対照性を見ていい㈧／❶〜❺の断絶感・漠然性／連続感・明確性からイニシヘ断絶／ムカシ連続説の妥当性が言えるなら、右の四九七・一一一一・一一一八番歌／❺の断絶感・漠然性／連続感・明確性からも同様なことが言えるはずである。前述の望月の指摘も、イニシヘ―ケムの親和性を示す『万葉』歌ばかりが目立つ点も、イニシヘ／ムカシの断絶感・漠然性／連続感・明確性の図式にとり込めて、ひいては、イニシヘ断絶／ムカシ連続説に帰結する。そして、イニシヘ連続／ムカシ断絶説には帰結しない。広く深く例に当たった上で述べると、そうなるのである。

以上から、上代においては、西郷のイニシヘ連続／ムカシ断絶説ではなく、正反対のイニシヘ断絶／ムカシ連続説の方が妥当であると言える。本節の結論は、そうなったのであった。

注4　西郷は、つづけて、

「むかし、男」と書き出した伊勢物語初段が、「むかし人は、かくいちはやきみやびをなむしける」と結んでいるのも、同じ文脈に属する。

とも述べる。しかし、『伊勢』一段頭尾にあるムカシ使用例に関しては、「『今』から切れた」といったムカシ断絶説ではなく、ムカシ連続説に帰結する明確性あるいは記録に適す特質で説明できることを、Ⅳ節で述べる。また、同節では、西郷が言っていた「昔を今になすよしもがな」に関しても、下句がそうなっている同三二段収録歌をとりあげ、『歌ことば』の指摘を援用して、ムカシ連続説に帰結することを述べる。

5　たとえば、ムカシと現況が同様な例には、後述する❶❸❹❺や第五章で述べる自然の不変・連続感を言うのに適すムカシ使用例があり、イニシへと現況が異なる例には、同じく後述する、旧都の都時代や故人生前の時代あるいは故人自身に「古」を用いる『万葉』歌がある。また、やはり後述するように、「老」いさらばえた「翁」が青年時代を「古」と詠む『万葉』三七九一番歌やすっかり関係が絶えている前夫を「古人」と詠む㊆も、「古」と現況が異なる例と見ていい。

6　①はケムを使用しているが、これは「田舎と言はれ」たことに対し用いているのであって、難波宮改造担当者として着手する前の「昔」が「直接に体験していないはるか以前」の遠く断絶的で漠然とした過去ゆえケム使用になっているわけではない。上句は、「私が着手する前は確かに田舎で、そうも言われたであろうけれど」といったニュアンスになる。ここでの「昔」は、近く連続的で明確な過去と考えられる。

7　仮想段階で「昔の人」と詠む⑤は、含めない。

8　「感じない」と言っても、あくまで荒都化した現況を踏まえない仮想段階までの話である。その仮想を否定する第五句までくれば、荒都の都時代に関し、心理的に遠く断絶的で漠然と感じているはずである。

9　『源氏』における前世に関しては、注1にあげた白井論文に、「今とのつながり」ゆえムカシ使用になるとの指摘があり、連続感ある過去と認め得る。前世とは、近くないけれど連続的な過去なので、ムカシ連続説に帰結すると思われる。

10　使い分けが明らかな例を一つだけ選ぶとしたら、『伊勢』六二／六〇段の各収録歌がイニシへ／ムカシを使い分けている例を選ぶ。次々節のほか、第四・五章でまたとりあげるので、参照されたい。

11　前述のとおり、望月も、この歌や㊆、および、『万葉』四五―四六・三七九一番歌を、「『過ぎ去ってしまって今はもうない』という気持ちを強調した用法」の「近い過去をさすイニシへ」の例としている。

12　④「昔の人」は、(3)故「住みける人」とイコールの関係でなく、身近に感じる者のたとえとして仮想される、近く連続的で明確な過去の「人」と考えられたから、含めない。また、挽歌ということなら、後述する❹も該当するが、その「昔」は、故人生前の時代をささず、伝承が「昔より言ひ」慣わされてきたという文脈で用いられるため、同様に含めない。

13　❹に関しては、「昔より言ひけることの」を「昔から　言い伝えられたように」と訳す『新編全集』が、

「韓」と「辛」とが同音であることを利した韓旅の苦難を語る伝承があったのであろう。

と注しており、それに従って、「苦難を語る伝承」どおりの「辛」さを実感している歌ととる。

14 ムカシ使用の『万葉』歌のなかには、ラシで推定する、

我妹子は常世の国に住みけらし昔見しよりをちましにけり

という六五〇番歌もある。「昔」を明確な過去ととらえる❶〜❺とのちがいが気になるものの、ここで注目すべきは「昔見し」となっている点で、後述するように、私は、「知ラヌ」イニシヘ／「ムカシ見シ」を比較する望月説を、「イニシヘ／ムカシの断絶感・漠然性／連続感・明確性がわかる指摘」として援用している。望月は「上代のムカシ」中の「ムカシ見シについて」で右の歌も例示し、次のように述べる。

「昔見」時の印象がはっきりしているから、現在に比べて、「をちましにけり」となる。

「常世の国に住みけらし」はあくまで「をちまし」た原因の推定なのであって、なぜムカシ使用なのかを考える場合は、「『昔見』時の印象がはっきりしている」点に注目し、連続感・明確性のムカシ使用ととるべきように思う。

15 ❷は「昔の人の来けむその日も」とケムが使用されており、そうしたであろう漠然とした過去であることも理解できるが、「今日の日に」劣る「昔の人の来けむその日」という優劣は明確にイメージできていて、歌全体としては、漠然性より明確性が前面に出ている。ゆえに、ここは、明確性のムカシ使用と見ていい。

16 『基礎語』の「むかし」の項でも、「伝承や記憶によって、はっきりと情景や事柄を思い浮かべられる過去」の例として、❹が示されている。

17 ムカシの明確性に関しては、次節でも、ムカシ連続説に帰結する明確性あるいは記録に適す特質を指摘する。また、❸❹には「昔より」とあるが、ユ・ヨ・ヨリが付くイニシヘ／ムカシ使用例に関しても、次節で詳述する。

18 望月が「上代のムカシ」中の「ムカシ見シについて」で「ムカシ見シの形で、自分の体験内の過去をさし、かつ、その時の印象が今も鮮やかに生きている過去を言う」例として示すのは、次の『万葉』歌である。すなわち、②や三三二

番歌、および、注14の六五〇番歌で、前述の四七四番歌を「類例」として加える。また、望月は、それらを例示する前に、「イニシへにはイニシへ見シという例はない」ことも述べている。前述の「古に妹と我が見し」と詠む一七九八番歌が気になるけれど、この挽歌は、故人生前の時代に対する、断絶感・漠然性のイニシへ使用と考えられたから、望月の「ムカシ見シ」に関する指摘は揺らがない。また、『万葉』歌中には、「古の皆人見きと」とある一一一五番歌もあるが、第四章の注のところで説明するように、この「古」は「前代」あるいは〈隔世のイニシへ〉と考え得るため、断絶感・漠然性のイニシへを使用すべき理由が認められる。やはり、こちらも、右の「ムカシ見シ」に関する指摘を揺るがしはしない。

19 長歌である一八〇七番歌は、冒頭付近にある「古」と末尾付近にある「けむ」がつながらず、イニシへ―ケムの親和性を示す例と見なせないため、含めない。

20 漠然と推量する四九七番歌に答える四九八番歌は、

今のみのわざにはあらず古の人そまさりて音にさへ泣きし

となっていて、同じ「古」を用いながらも、明確に断じている。しかし、これは、四九七番歌に対してやり返すかたちゆえそうなっているだけで、問題視する必要はないと思われる。

Ⅲ イニシへ同質／ムカシ異質説の問題とイニシへ断絶／ムカシ連続説の妥当性

西郷のイニシへ連続／ムカシ断絶説につづいては、山口のイニシへ同質／ムカシ異質説をとりあげ、前節同様、批判するとともに、イニシへ断絶／ムカシ連続説の妥当性を説く。前々節で予告したとおりであるが、これまた、前節で予告したとおり、先送りした西郷説の論拠の一つである㈨もとりあげる。

山口は、西郷が説くイニシへ連続／ムカシ断絶説を「概ね当たっていると」見ながらも**【注21】**、イニシへに関する「連続」を「同質」、ムカシに関する「断絶」を「異質」に換える。山口が「ムカシを断絶的、イニシへを連続的という差として捉え」ないでそう換えるのは、ムカシヨリといった〈イマに連なるムカシ〉「のような例の存在が問題になる」かららしく、次のように述べている。

> もしムカシとイマが断絶していたとすると、ムカシからイマに至るまで連続しているという表現が意味をなさないことになる

私はイニシヘ連続／ムカシ断絶説ならぬイニシヘ断絶／ムカシ連続説の立場にあり、断絶的なのはムカシでなくイニシヘの方になるため、右の山口説にある「ムカシ」を「イニシヘ」に換え、次のように変えてから答える。

> もしイニシヘとイマが断絶していたとすると、イニシヘからイマに至るまで連続しているという表現が意味をなさないことになる

イニシヘユ・イニシヘヨ・イニシヘヨリといった〈イマに連なるイニシヘ〉は、上代に多い。山口も、〈イマに連なるムカシ〉に比しての多さに関し、「万葉集には、イニシヘユ（またはイニシヘヨ）の例の方が圧倒的に多い」ことを述べている。その例は後で広く多く示すが、次のように説明できるなら、この「表現」は「意味をな」す。

> 語感自体が遠く断絶的で漠然としたイニシヘを始発点に置けば、終着点イマまでの経験外の〈ずうっと的網羅性〉を強調できる。
>
> ←
>
> そして、そうした経験外の〈ずうっと的網羅性〉を強調する文脈は、上代において多い。
>
> ←
>
> となれば、それを強調し得る〈イマに連なるイニシヘ〉が多いのも頷ける。

というもので、そもそも、語感自体の断絶／連続感および漠然／明確性とユ・ヨ・ヨリが付いてイマに連なることは別次元の問題として説明すべきである。右のとおり、遠く断絶的で漠然とした語＝イニシヘに、イマへと連なるようにする助詞＝ユ・ヨ・ヨリを付けて、経験外の〈ずうっと的網羅性〉を強調している、と考えれば、問

題ないどころか、納得できる。また、「連続」を「同質」、「断絶」を「異質」にわざわざ換える必要も、なくなる。

思うに、経験外の〈ずうっと的網羅性〉を強調するなら、経験外の遠く断絶的で漠然とした過去を始発点に置き、そこからイマまでをあらわす、と予想され、一方、経験内の〈ずっと的広範性〉を示すなら、経験内の近く連続的で明確な過去を始発点に置き、そこからイマまでをあらわす、と予想される（「ずっと的」は「ずうっと的」より、「広範性」は「網羅性」より狭い範囲をさす表現として使い、それに応じて「示す／強調する」も使い分けている）。これをイニシへ断絶／ムカシ連続説で考えると、前者の始発点には断絶感・漠然性のあるイニシへを置いて〈イマに連なるイニシへ〉にし、後者の始発点には連続感・明確性のあるムカシを置いて〈イマに連なるムカシ〉にする、と予想される。上代における経験外の〈ずうっと的網羅性〉を強調する文脈の多さとその背景に関しては後述するとして、果たして、〈イマに連なるイニシへ〉は経験外の〈ずうっと的網羅性〉を強調し、〈イマに連なるムカシ〉は経験内の〈ずっと的広範性〉を示すであろうか。まずは、そこから明らかにしていきたい。

はじめに、〈イマに連なるムカシ〉は、経験内の〈ずっと的広範性〉を示しているか、そして、経験外の〈ずうっと的網羅性〉を強調していないか、という問題から言えば、そのとおりの結果になる。山口が例示する〈イマに連なるムカシ〉は、前節で見た❸❹と『欽明紀』にある次の両例である（『新編全集』二巻三八五・四一七頁）。

別に、河内直に謂はく、「昔より今に迄るまでに、唯汝が悪をのみ聞けり。

天皇、聞しめし已りて、歓喜踊躍したまひて、使者に詔して云はく、「朕、昔より来、未だ曾て是の如く微妙の法を聞くこと得ず。

「百済」＝「吾」が、「河内直」＝「汝」の「悪」評ばかり「聞」いている、と述べ、「天皇」＝「朕」が、献上された「法」に関し「未だ曾て是の如く」すばらしい「法を聞」いたことがない、と述べている。前者の「昔」が経験内の過去である点はわかるし、後者の「昔」も、「朕」と「未だ曾て是の如く微妙の法を聞くこと得ず」の間に「昔より来」がある点を思うなら、経験外の断絶的で漠然とした過去ととるより、経験内を連続的に遡る明確な過去ととるべきである。両例ともそうとれるとすると、「昔より今に迄るまでに」「昔より来」といった〈イマに連なるムカシ〉は、経験内の〈ずっと的広範性〉を示していることになり、経験外の〈ずうっと的網羅性〉を　強調していないことになる。上代の『日本書紀』(および『記』『霊異記』)でユ・ヨ・ヨリが付く〈イマに連なるムカシ〉をさがせば、右の両例くらいになり、少ないと言えるが(『風土記』『万葉』の例に関しては後述)、

　高皇産霊尊勅して曰はく、「昔天稚彦を葦原中国に遣し、今に至るも久しく来ざる所以は

という『神代紀』の例も(『新編全集』一巻一五一頁)、ユ・ヨ・ヨリこそ付かないものの、「今に至る」によって、〈イマに連なるムカシ〉に類すると見なし得る。そして、「高皇産霊尊」が話す「昔―中略―、今に至るも」も、ムカシを使用して経験内の〈ずっと的広範性〉を示しているし、経験外の〈ずうっと的網羅性〉を強調していない。明確に信じたり頷いたりする❸❹を検討の対象外とすることは後述するが、ここまで見る限りでは、〈イマに連なるムカシ〉(およびその類例)に関しては、経験内の〈ずっと的広範性〉を示し、経験外の〈ずうっと的網羅性〉を強調しない、と予想したとおりでいい［注22］。

ちなみに、『新編全集』二巻五四九頁には、

　和すること曾より識れる如くにせよ。

と読み下される『推古紀』の例があり(原文「和如曾識」)、その「曾」をもし『新編全集』のように「むかしより」と読めるなら、経験内の〈ずっと的広範性〉を示す〈イマに連なるムカシ〉に含めることができ、それならそれで私見にとって好都合なのではあるが、どう読むべきかの判断は保留し、検討の対象外としておく。そうするのは、たとえば、同書同巻三九三頁で「曾」「嘗」がともに「かつて」と読まれていたり、あるいは、右の『推古紀』の例が、『日本古典全書』四巻二三五頁では「いむさきより」、『国史大系』一巻下一四五頁では「イムサキヨリ」「ムカシ」と読まれていたりするからである(『風土記』に目を移すと、『新編全集』二八五・三七五頁で『豊後』『常陸』にある「未曾有見」「未曽見聞」中の「曾」「曽」がともに「むかしより」と読まれているけれど、「未

だかつて〜ず」でいいと考えられるため、『風土記』には〈イマに連なるムカシ〉がないと見なす）。また、『万葉』においては、題詞・左注に〈イマに連なるムカシ〉がなく、❸❹の歌に「昔より」がある。しかし、それらのムカシ使用に関しては、前節で、「漠然とではなく、明確に信じ、―中略―頷くのは、はるか遠い過去の、絶対的に遠く断絶的で漠然とした事象でも、心理的に近く連続的で明確と感じているからで、そこで『昔』が用いられれば、ムカシ断絶説でなくムカシ連続説が妥当と言える（ムカシが連続感のほかに明確性も受けもつとわかる）」、と述べた。その種の連続感・明確性で説明すべき例なら、やはり、❸❹は検討の対象外とせねばならない。これらを検討の対象外とすると、前述のごとく、〈イマに連なるムカシ〉（およびその類例）は、経験内の〈ずっと的広範性〉を示し、経験外の〈ずうっと的網羅性〉を強調しない、という予想どおりの結果になる。

つづいて、〈イマに連なるイニシヘ〉は、経験外の〈ずうっと的網羅性〉を強調しているか、そして、経験内の〈ずっと的広範性〉を示していないか、といった問題に移る。〈イマに連なるイニシヘ〉は、『万葉』題詞中盤に一例（三七八六番）、歌に一五例ある（㊈および一〇三四・一〇三五・二〇一九**[注23]**・三二五五・三九七三・三九八五・四〇〇三・四一一九・四一二二・四一六六・四二五四・四四六七番歌に、「古に」を「古ゆ」に改める二〇六四番歌**[注24]**と「古の神の時より」の三二九〇番歌を加えた数）。これらのうち、山口が例示するのは、㊈および三九八五・四一一九・四四六七番歌である。『万葉』以外では、『記』に一例（『新編全集』三三三頁）、『紀』に八例（『新編全集』一巻三七二頁、二巻二四四・二八六・三二三・三九九・四二五頁、三巻一二七・一八五頁）、『風土記』中の『出雲』『常陸』に五＋二例（『新編全集』一四九・一九三・二〇九・二一三・二二八頁、四〇一・四一三頁）、『霊異記』に二例（『新編全集』一六六・三三三頁）。この後広く多く例示する〈イマに連なるイニシヘ〉は、経験外の〈ずうっと的網羅性〉を強調する例ばかりで、それが大勢と言える。迷うとすると、

古より以来、如斯る酷莫し。

という『顕宗紀』の「古」くらいが（『新編全集』二巻二四四頁）、経験外の断絶的で漠然とした過去か経験内を

連続的に遡る明確な過去か迷う例となる。しかし、後で広く多く例示する大勢を見れば、「古より以来」は古今東西の古今に当たり、経験外の〈ずうっと的網羅性〉を強調している、ととるのが妥当なように思う。こちらも、予想どおりの結果になる。〈イマに連なるイニシへ〉は、経験外の〈ずうっと的網羅性〉を強調する例ばかりで、経験内の〈ずっと的広範性〉を示さないのである。

〈イマに連なるイニシへ〉が経験外の〈ずうっと的網羅性〉を強調し、かつ、経験内の〈ずっと的広範性〉を示さないで、〈イマに連なるムカシ〉が経験内の〈ずっと的広範性〉を示し、かつ、経験外の〈ずうっと的網羅性〉を強調しないなら、「語感自体が遠く断絶的で漠然としたイニシへを始発点に置けば、終着点イマまでの経験外の〈ずうっと的網羅性〉を強調できる。↓そして、そうした経験外の〈ずうっと的網羅性〉を強調する文脈は、上代において多い。↓となれば、それを強調し得る〈イマに連なるイニシへ〉が多いのも頷ける」と前述したうちの、語感自体が遠く断絶的で漠然としたイニシへを始発点に置くと終着点イマまでの経験外の〈ずうっと的網羅性〉を強調可能、という第一段階は説明できたことになるが、次に説明すべきは、経験外の〈ずうっと的網羅性〉を強調する文脈が上代に多い、という第二段階であり、併せて、その背景も説明が必要と考える。そこまで説明できれば、おのずと、第三段階に当たる、経験外の〈ずうっと的網羅性〉の強調に向く〈イマに連なるイニシへ〉の多さ（および、向かない〈イマに連なるムカシ〉の少なさ）に頷けることになって、ゴールに到達できる、すなわち、右の私見が成り立つことを論証できることになる。経験外の〈ずうっと的網羅性〉を強調する文脈の多さとその背景を説明できれば、〈イマに連なるイニシへ〉という「表現」は「意味をな」す。

さて、前述のとおり、上代では〈イマに連なるイニシへ〉が多くて〈イマに連なるムカシ〉が少なく、それを、

> 過去からの連続を表現する場合、過去と現在との同質を前提とするイニシへユを用いることが多いのは、当然である。

ととるのは、イニシへ同質／ムカシ異質説の山口であり**【注25】**、西郷のイニシへ連続／ムカシ断絶説を踏まえる

西條勉「フルコトをどう考えるか」(『古事記と王家の系譜学』平17・11笠間書院)は、次のようにとる。

　現在との連続性がムカシよりイニシへの方がずっと強く意識されていたことの証拠

一方、イニシへ断絶／ムカシ連続説の私は、上代における経験外の〈ずうっと的網羅性〉を強調する文脈の多さが、その強調に向く〈イマに連なるイニシへ〉／向かない〈イマに連なるムカシ〉の多寡につながった、ととる。

　ここで注目したいのが、大谷雅夫「柿本人麻呂の恋の歌一首―いにしへにありけむ人も我がごとか―」(「国文学」平8・10)の指摘である。大谷は、三〇四・一〇〇六・一〇六七番歌を例にして次のように述べており、これは、経験外の〈ずうっと的網羅性〉を強調する文脈が上代に多いことの背景を説明できているように思う。

　万葉人は、さまざまな場所にそれぞれの神代を想像したのである。そして、その神代の昔から、山川や海岸が美しいので宮に通い、舟を泊てて来て、今もまたそうするのだと歌う。神代からの連続の上に今日のおのれが在るという確認がなされ、そこに心の安らぎが得られているのである。

同じく、伊藤『釈注』の一三番歌のところにある、

　「古」もかくかくであったから「今」もかくかくであるのだ、のように、「今」あることを「神代」からの由あることとして説くのは、神話や伝説が神話や伝説であるための一つの型であった。

という指摘も、背景の説明たり得ている。要するに、両指摘は、極めて遠く断絶的で漠然とした過去を始発点に置く始原的過去以来という表現の多さとその背景を説明していて、これらに従うなら、そうした経験外の〈ずうっと的網羅性〉を強調する文脈は、「神代」まで遡らずとも、『万葉』歌を含め、上代に広く多く見られると予想され、広く多く調べると、果たして、そのとおりの結果を得ることができる。

　たとえば、『万葉』歌のなかには、七夕歌に関し、「天地の（と）　―中略―時ゆ」といった始原的過去以来を示す冒頭表現が四例あり、七夕歌の「古ゆ」二例も同様な冒頭表現と言えた(注23・24参照)。七夕歌以外では、三一七・四一六〇・四二一四番歌が「天地の　分れし時ゆ」「天地の　遠き初めよ」「天地の　初めの時ゆ」では

じまるし、始原的過去以来ということなら、「神代より」は九例（㈧および三八二・四八五・八九四・九一七・一〇〇六・一〇六七・一七〇七・四一〇六番歌）、「神の御代より」は六例（一〇四七・一〇六五・二〇〇二・四一一一・四一二五・四四六五番歌）、「神代ゆ」は二例（九〇七・四三六〇番歌）、「神の時より」は一例あり（三二九〇番歌）、両指摘を裏付けられると考えられる。また、注23で述べたとおり、始原的過去以来といった表現は〈イマに連なるイニシヘ〉に置換可能であったから、今度は、〈イマに連なるイニシヘ〉に目を向け、範囲も『万葉』歌から上代全体にまで広げ、裏付けと言うに十分な多さがあるか確認していく。

はじめに確認する例は、前述の古今に当たる〈イマに連なるイニシヘ〉で、経験外の〈ずうっと的網羅性〉を強調する文脈で使用される。換言すれば、その強調のために〈イマに連なるイニシヘ〉がある、と言える。

> 天皇の　敷きます国の　天の下　四方の道には　馬の爪　い尽くす極み　船舳の　い泊つるまでに　古よ
> 今の現に　万調　奉るつかさと　作りたる

とある『万葉』四一二二番歌には、時間の網羅性を強調する「古よ　今の現に」が空間の網羅性を強調する「馬の爪　―中略―　い泊つるまでに」とセットになっており、古今（および東西）に当たる経験外の〈ずうっと的網羅性〉を確認し得る。古今に当たる経験外の〈ずうっと的網羅性〉の強調なら、『孝徳紀』にも例を見出せる。

> 曩者、西土の君、周の成王の世と漢の明帝の時とに、白雉爰に見ゆ。我が日本国の誉田天皇の世に、白烏宮に樔ふ。大鷦鷯帝の時に、竜馬西に見ゆ。是を以ちて、古より今に迄るまでに、祥瑞時に見えて、有徳に応ふること、其の類多し。

とあるなかの（『新編全集』三巻一八五頁）、「古より今に迄るまでに」が該当する（そこでの最古の過去「曩者」が「古より今に迄るまでに」に包括される点も、ムカシが定型化した〈イマに連なるイニシヘ〉に包括される例としておさえておきたいし、これの類例が『欽明紀』にある**【注26】**）。また、『万葉』三七八六番の題詞中盤には、

> 古より今までに、未だ聞かず未だ見ず、一の女の身の二つの門に往適くといふことを。

とあり、こちらも、古今に当たる経験外の〈ずうっと的網羅性〉の強調を確認できる。右の題詞にあるような「古今〜ことはない」的なイニシヘ使用例はほかにもあって、『安康記』の、

往古より今時に至るまで、臣・連が、王の宮に隠りしことは聞けども、未だ王子の、臣が家に隠りしことを聞かず。

といった例や（『新編全集』三三三頁）、『出雲』の、

古より今に至るまで、験を得ずといふことなし。

といった例（『新編全集』一四九頁）、あるいは、『霊異記』の、

往古より已後まで、斯の奇しきに過ぎたるは莫し。

往古より今来、都て見聞かず。是れも亦我が聖朝の奇異しき事なり。

といった例を示すことが可能であるし（『新編全集』一六六・三三三頁）、『万葉』四二五四番歌の、

古ゆ　なかりし瑞　度まねく　申したまひぬ

とある例を示すことも可能である。『常陸』の、

凡て、諸の鳥の経過ぐる者は、尽に急く飛び避けて、峰の上に当ることなし。古より然為て、今も亦同じ。

という例も（『新編全集』四一三頁）、同様と見ていい。さらに言えば、『出雲』の「験を得ずといふことなし」は、必ず「験を得」るということであり、「古今、決まって〜」的な例とも言えるから、『継体紀』にある、

古より今に迄るまでに、禍斯に由りて起れり。

能官の事、古より難しとす。

という両例も（『新編全集』二巻二八六・三二三頁）、古今に当たる経験外の〈ずうっと的網羅性〉を強調する例に含められて、みな、古今に当たる経験外の〈ずうっと的網羅性〉の強調を確認できる例と見なせるわけである。

つづいて確認する例は、代々に当たる〈イマに連なるイニシヘ〉で、右の古今に当たる〈イマに連なるイニシ

へ〉に加え、こちらも、やはり、経験外の〈ずうっと的網羅性〉を強調する文脈で使用されている。前述した後者の場合と同じく、前者の場合も、その強調のために〈イマに連なるイニシヘ〉がある、と言い換えられる。

古より以降、天皇の時毎に、代を標す民を置きて名を後に垂る。

とある『孝徳紀』の例に関しては（『新編全集』三巻一二七頁）、「古より以降」が代々の「天皇の時」をさしているし、『万葉』歌のなかでは、次の一〇三四・三二五五・三九七三・四一六六番歌が注目される。

古ゆ人の言ひ来る老人のをつといふ水ぞ名に負ふ滝の瀬

古ゆ　言ひ継ぎけらく　恋すれば　苦しきものと　玉の緒の　継ぎては言へど

古ゆ　言ひ継ぎ来らし　世の中は　数なきものぞ

古ゆ　語り継ぎつる　うぐひすの　現し真子かも

各「古ゆ」は、代々の「人」が「言ひ」伝えたり「語り」伝えたりしてきた時間をさすはずで、㊈「ますらをの清きその名を　古よ　今の現に　流さへる　祖の子どもぞ」中の「古よ　今の現に」も、代々の大伴・佐伯氏が「名を」伝えてきた時間をさし（これで前節で先送りした㊈を説明できた）、「その名」を「古ゆさやけく負ひて来」たとある四四六七番歌「古ゆ」も、代々の大伴氏が「名」を「負ひ」もっ「て来」た時間をさすと考え得る。

古ゆ　今の現に　かくしこそ　見る人ごとに　かけてしのはめ

とある三九八五番歌なら、「古ゆ　今の現に」は、代々の「見る人」が賞美してきた時間をさし、

古よしのひにければほととぎす鳴く声聞きて恋しきものを

という四一一九番歌なら、「古よ」は、代々の「聞」く人が賞美してきた時間をさすと思われる。

古ゆ　あり来にければ　こごしかも　岩の神さび　たまきはる　幾代経にけむ

とある四〇〇三番歌の場合は、「古ゆ」が「幾代経」てきた時間と同一視できる。このように、みな、代々に当たる経験外の〈ずうっと的網羅性〉の強調を確認できる例と見なせるのである。

右のとおり、経験外の〈ずうっと的網羅性〉を強調する文脈は、多い。そこで〈イマに連なるムカシ〉ならぬ〈イマに連なるイニシヘ〉ばかりが使用されているのも、見てきたとおりである。さらに、上代における経験外の〈ずうっと的網羅性〉を強調する文脈ということなら、それらに、始原的過去以来といった表現も加えられる。そして、そうとわかれば、その強調ができる〈イマに連なるイニシヘ〉の多さ、および、前述した、「強調する」でなく「示す」といった程度の〈イマに連なるムカシ〉の少なさから、おのずと、強調に向く〈イマに連なるイニシヘ〉／向かない〈イマに連なるムカシ〉の多寡に頷けるものと思われる。これで、前述したゴールの第三段階に到達したと言い得る。多寡の問題は、山口や西條のようにとらえてはならない。上代に広く多く見られる文脈を把握し、イニシヘあるいは〈イマに連なるイニシヘ〉に関しては、同質説・連続説ならぬ断絶説と結び付け、ムカシあるいは〈イマに連なるムカシ〉に関しては、異質説・断絶説ならぬ連続説と結び付けたい（注25参照）。

なお、『風土記』では『出雲』において〈イマに連なるイニシヘ〉使用の割合の高さが目立つので、触れておく。『出雲』の場合、「古」「往古」を用いるイニシヘ使用例が六つ、「昔」を用いるムカシ使用例が一つで、前者のうち「古」五例までもが〈イマに連なるイニシヘ〉である（五例あることは前述、残る「往古」に関しては注30参照、「昔」に関しては後述）。これは、大谷や伊藤『釈注』が指摘していたようなあり方が強いからと考えられ、他の『風土記』に比べ、独自性として注目される（〈イマに連なるイニシヘ〉以外でイニシヘ／ムカシ使用例が各一つしかないという僅少さに関しては、次々章「上代におけるイニシヘ／ムカシの使い分け（続々）―『日本書紀』にイニシヘ断絶／ムカシ連続説を適用することの妥当性（『古事記』にも触れて）―」で触れる）。

以上、前節から長々と上代におけるイニシヘ／ムカシの使い分けを論じてきたのであるが、どうしても避けて通れない問題が残っている。たとえば、『風土記』を見ると、同様な巨「人」伝説の時代に対し、『播磨』は「昔」、『常陸』は「上古」を用いているし（『新編全集』一〇一頁、四〇三頁）、『播磨』には「伝へて云はく、上古の時に」とあるのに、『出雲』には「古老伝へて云ひしく、昔」とある（同書二七頁、二六三頁）。また、『常陸』で「古老の曰へらく」の後に「古」がくるか「昔」がくるかを調べると、「昔」「古」「古」「昔」「昔」になる（同書三五七・三五九・三六七頁）。さらに、始原的過去である「神々の時代をムカシと呼」んでいる例は西條が指摘しており、経験外の過去に対するイニシへ多用と端的に符合する、本来はイニシへの領分であるはずの「神々の時代」に対しても（注23参照）、ムカシを使用することはある**[注27]**。つまり、イニシへ／ムカシをどう使い分けるかはケースバイケースで考えねばならず、そうしたムカシ使用を説明する際に思い出したいのが、あるいは、『日本国語』の「むかし」の項にある「時間の隔たりの多少にかかわらず用いる」との指摘を説明する際に思い出したいのが、前節で見た❶～❺のムカシ使用例における明確性なのである。私は、その明確性を敷衍して次のように説明し得ると考える。すなわち、ムカシの明確性に注目してムカシが記録類に向いた語であると指摘できるなら、言い換えると、ムカシ連続説に帰結する明確性あるいは記録に適す特質を明らかにできるなら、たとえば、本来ならイニシへを使用すべき「神々の時代」に対するムカシ使用の理由もわかる、というものである。

実は、『万葉』の歌ならぬ題詞・左注、『風土記』中の『豊後』『肥前』『播磨』、『霊異記』、といった記録的性格の強い類のものを見ると、顕著なムカシ偏重が認められる。『万葉』では、題詞冒頭付近で時代提示する際、「古」を用いず、用いるなら必ず「昔」を用い（三七八六・三七八八・三七九一・三八〇三・三八〇四番）、左注における「右、伝へて云はく」以下の時代提示もそうである（三八〇八・三八一〇番）**[注28]**。『風土記』でも、『豊後』『肥前』は、イニシへを使用しないで、「昔者」「昔時」「曩者」というムカシで統一し（『豊後』一七・『肥前』二六例）、『播磨』は、前述の「伝へて云はく、上古の時に」一例を除き、三一例に「昔」を用いる**[注29]**。『霊異記』にしても、古今に当たる経験外の〈ずうっと的網羅性〉のところで見た〈イマに連なるイニシへ〉＝「往古より」二例以外は、二七例が「昔」「昔時」「昔世」「往昔」といったムカシである（『霊異記』の〈イマに連なるイニシへ〉二例に関しては、『常陸』の〈イマに連なるイニシへ〉＝「古より」二例とともに次章「上代におけるイニシへ／ムカシの使い分け（続）—『常陸国風土記』にイニシへ断絶／ムカシ連続説を適用することの妥当性—」でとりあげ、『霊異記』の二例がムカシ偏重の基本方針を超越していることを指摘する）。これほどまで顕著なムカシ偏重が認められれば、ムカシは記録類に向いた語と言えるし、ムカシ連続説に帰結する明確性からそうなっている、とも言える。明確性あるいは記録に適す特質ゆえのムカシ偏重、ということである（『角川古語』の「むかし」の項にある「古くからの伝承で実際にあったことだということを示したりする」用法が該当する）。ちなみに、ほかの記録類を見ると、『紀』では、明確性あるいは記録に適す特質ゆえのムカシ使用例が全ムカシ使用例の半数を超えるほど多く、ムカシ偏重の傾向が認められる（たとえば、前述した『孝徳紀』や注26で述べた『欽明紀』にある「曩者」「昔」両例が該当）。一方、『記』は、イニシヘ／ムカシが「古」「往古」二／「昔」一例（『新編全集』一九・三三三／二七五頁）。いずれも僅少で、後者は、やはり、明確性あるいは記録に適す特質ゆえのムカシ使用例と思われるが、『記』に関しては、次々章にて、『紀』とともに詳述する。加えて、『記』におけるイニシヘ／ムカシ使用例の僅少さを説明するところで、〈イマに連なるイニシヘ〉以外僅少と前述した『出雲』や、僅少な点が同じ『古語拾遺』にも（注27参照）、触れる。また、右以外の『風土記』では、前述した「古老伝へて云ひしく」につづく『出雲』唯一の「昔」も同様なムカシ使用例と考えられ**［注30］**、『常陸』においてイニシヘ／ムカシが「古」「上古」「古昔」一七／「昔」八例、という使い分けに関しては、次章で、『常陸』へのイニシヘ断絶／ムカシ連続説適用の妥当性を説く。注27・28で紹介・批判したとおり、西條は、「神々の時代」に「昔」「昔在」を用いる『風土記』『古語拾遺』におけるムカシ使用の三十一例につづき、西郷のムカシ断絶説をもち出し、山口は、『万葉』題詞・左注の「昔」三例に関し、ムカシ異質説で説明しようとするけれど、みな、ムカシ連続説に帰結する明確性あるいは記録に適す特質で説明できる。西條説にも、山口説にも、頷くことはできない。

西郷のイニシヘ連続／ムカシ断絶説に異を唱え、正反対のイニシヘ断絶／ムカシ連続説が妥当との結論に至った前節につづき、山口のイニシヘ同質／ムカシ異質説をとりあげた本節でも、それに異を唱え、イニシヘ断絶／ムカシ連続説が妥当との結論に至った。それでも、西郷・山口・西條らの説を採る研究者が出てきそうな予感はするが、研究者なら、自説にとって都合の悪そうな例や説に対し、避けることなく真正面からとり組んだ上で、論を展開すべき、と考える。明らかに強度不十分な説や、論理の道筋が見えにくい説ならまだしも、あるいは、単発の論文のような微量なものならまだしも、叩き台となるに十分な強度と平明さを有し、かつ、薄いながらも一書にまとめた本書には、避けないで真正面からとり組む価値があるのではないか。是非反応してほしい。期待し難いものの、本書がきっかけとなって議論がはじまることを望む。さらに言えば、私見と同じイニシへ断絶／ムカシ連続説の立場であっても、私見をしっかり踏まえ、それを乗り越えるかたちで、論を展開してもらいたい。

注21 望月説に対し山口がどう述べているかも示すと、次のようになる。

望月の整理は、やや語源にとらわれ過ぎた気味もあるが、ムカシが近い過去をさすことが多く、イニシへが遠い過去をさすことが多いというのは、確かである。しかし、近い過去・遠い過去、あるいは経験内の過去・経験外の過去という観点では、説明できない例が結構多い。

「説明できない例」として山口が示すのは④㈦や❶および一七九八番歌であるが、前節で見たとおり、それらは、イニシへ断絶／ムカシ連続説を揺るがすどころか、イニシへ断絶／ムカシ連続説の論拠たり得た。

22 念のため『続紀』も視野に入れて言えば、やはり、経験外の〈ずうっと的網羅性〉を強調できる〈イマに連なるイニシへ〉が多く（『新大系』一巻一三一・二二七頁、二巻七三頁、五巻二六七頁に、「往古より」「古より」が一十三例）、後述する多くの類例も考え併せると、〈イマに連なるイニシへ〉が経験外の〈ずうっと的網羅性〉を強調していると判断されるのであるが、同書二巻五二頁には、検討の対象外とすることを後述する❸❹と同様な、次のような例もある。

昔より今に及るまで、雑に大赦と言ふは、唯小罪をのみ該てて八虐は霑はず。朕、恭く太上天皇の奉為に、非常の沢を降さむと思ふ。天下に大赦すべし。

右の「昔」は、経験外の断絶的で漠然とした過去であり、経験内を連続的に遡る明確な過去ではない。よって、経験内の近く連続的で明確な過去を始発点に置き、そこからイマまでをあらわす〈イマに連なるムカシ〉で経験内の〈ずっと的広範性〉を示した『欽明紀』の両例のようにではなく、明確に信じたり頷いたりする❸❹のようにとらねばならない。「朕」は、「唯小罪をのみ該てて八虐は霑は」ない古来の「大赦」の慣例を、漠然とではなく、明確に信じ、「非常の沢を降」そうとしている。明確性で説明すべきムカシあるいは〈イマに連なるムカシ〉とれるので、これも検討の対象外とする。

23 二〇一九番歌は、注24で例示する二〇六四番歌と同じく、織女の立場で詠む七夕歌で、

　古ゆ上げてし服も顧みず天の川津に年ぞ経にける

とある（「古ゆ」は原文「自古」）。阿蘇瑞枝『全注』『全歌講義』は次のように述べており、頷くことができる。

　「古ゆ」を一年前に彦星と逢って以来と考える立場とそれより更に遥かな昔からと考える立場とがある。どちらともとれるが、一年前の逢会以後と限定しない方が、一年に僅か一度の逢瀬しか得られず、長年にわたって恋に苦しむ織女星の様子がうかがわれてよい

この場合、「古」は織女にとっての経験内の過去になるが、織女の機織りの起源を極めて遠く断絶的で漠然とした始原的過去ととらえる詠者の七夕観が反映されているように思う。第三者の詠者にとっては経験外の過去となるけれど、そうした反映ゆえのイニシへ使用と見よう。ちなみに、『万葉』歌中では、一五二〇・二〇〇五・二〇八九・二〇九二番歌は、七夕伝説の起源に関し、冒頭で「彦星は　織女と　天地の　別れし時ゆ」「天地と分れし時ゆ」「天地の　初めの時ゆ」「天地と　分れし時ゆ」と詠んでいて、極めて遠く断絶的で漠然とした始原的過去以来という類型表現があるとわかる。また、「古ゆ上げてし服も」「古ゆ織りてし服を」ではじまる二〇一九・二〇六四番歌は（後者の読み下しに関しては注24参照）、七夕伝説を始原的過去以来と信じる類型表現を思えば、両例の機織りも同様に信じているはずで、「古ゆ」は始原的過去以来ととるべきと考えられる。なお、そういった七夕や開闢の伝説あるいは神話等の始原的過去がイニシへの領分であることは、『神代紀』の「古に天地未だ剖れず」「古に国稚く地稚かりし時に」や（『新編全集』一巻一九・二一頁）、前節で見た㈧の「神代より　かくにあるらし　古も」、および、後述する『万葉』三二九〇番歌「古の神の時より」の両例

から言えるし、始原的過去以来という表現が〈イマに連なるイニシヘ〉に置換可能なことも、それら両例から言える。

24 二〇六四番歌の原文「古」を、『新編全集』等は「古に」と読み、『集成』や土屋文明『私注』・中西進『講談社文庫』・伊藤『釈注』・多田『全解』は「古ゆ」と読む。中西『講談社』は注23で例示した七夕歌の「二〇一九と同様と見て『ゆ』を読み添え」、伊藤『釈注』も「いにしへゆ」に関し類例として「二〇一九参照」と注しているが、『万葉』歌中なら、二〇一九番歌に加え、一五二〇・二〇〇五・二〇八九・二〇九二番歌も視野に入れ、始原的過去以来という、七夕歌に見られる類型表現としての「古ゆ」を考えたい（注23参照）。二〇六四番歌は、「古ゆ」説に従い、次のように読み下そう。

古ゆ織りてし服をこの夕衣に縫ひて君待つ我を

ちなみに、二〇一九番歌で「古ゆ」と読んでいた阿蘇『全注』『講義』は（注23参照）、二〇六四番歌では「古に」と読み、「一年前に逢って以後のこと」ゆえ「一年近く前の意であ」るととる。しかし、右の「古ゆ」説の立場からは、頷けない。

25 「イニシヘユを用いること」＝〈イマに連なるイニシヘ〉使用に対する、「ムカシヨリと表現すること」＝〈イマに連なるムカシ〉使用に関しては、こちらで紹介・批判する。山口によれば、後者は、「異質なはずの過去から同じ事象が絶えないと言うことになって、その意味で連続性が強調されるという効果を生むことにな」るそうである（傍点田口）。西郷のイニシヘ連続／ムカシ断絶説を「概ね当たっていると」見て、イニシヘ／ムカシを連続→同質／断絶→異質感でとらえる山口は、語感が断絶→異質感と見るムカシを始発点に置くと、終着点イマまでの「連続性が強調される」ととるようであるが、後で広く多く例示するように、「連続性が強調される」文脈、すなわち、経験外の〈ずうっと的網羅性〉を強調する文脈の始発点には、山口の言うムカシではなく、語感が断絶感・漠然性のイニシヘの方が置かれる（前節で述べたとおり、イニシヘ／ムカシの語感は断絶感・漠然性／連続感・明確性なのであって、西郷のイニシヘ連続／ムカシ断絶説は「当たって」はいない）。また、異質感と結び付くのがイニシヘ／ムカシいずれかに関し、経験外／内の過去に対するイニシヘ／ムカシ多用も念頭に置いて補足するなら、異質感を感じるのは、経験内を連続的に遡る明確な過去として多用されるムカシより、経験外の断絶的で漠然とした過去として多用されるイニシヘの方ではないか。従って、断絶→

異質感を受けもつのは、ムカシならぬイニシへの方になるはずであり、右の山口説にも頷くことはできない。

26 『欽明紀』の類例は、『新編全集』二巻三九九頁に「古より以来」とある例で、そこでの最古の過去は同書同巻三六九頁で「昔」を用いられる過去であり、やはり、「古より以来」に包括されていて、ムカシが定型化した〈イマに連なるイニシへ〉に包括される例と言える。『欽明紀』および『孝徳紀』にある「昔」「曩者」両例は、後述する、ムカシ連続説に帰結する明確性あるいは記録に適す特質ゆえのムカシ使用と思われるけれど、〈イマに連なる～〉のかたちにする場合は、〈イマに連なるムカシ〉ではなく、定型化した〈イマに連なるイニシへ〉になることがわかる。

27 西條は、『風土記』『古語拾遺』からムカシ使用の三十一例を示し、「ムカシの時間意識が神々の時代をも含む」点に注目する。そして、西郷のムカシ断絶説を「卓見」として援用し、次のように述べる。

　ムカシとは「今」と断絶した異次元の時間帯、経験的な時間感覚を超えた大過去のことである。

『風土記』の「昔」三例は、『新編全集』で二五・九三頁にある『播磨』の二例と三五九頁にある『常陸』の一例で、『古語拾遺』の「昔在」一例は、『岩波文庫』五三頁にある（同書によれば、ムカシ使用例はそれのみで、一三・五五頁に二つだけあるイニシへ使用例＝「古」は、遠く断絶的で漠然とした過去＝隔世の感ある時代をさす）。加えて、西條は、「前世」ととる『霊異記』の「昔」一例も示すが、後述するように、『常陸』のイニシへ／ムカシ使用例に関しては次章に譲るので（右の『常陸』の一例に関する西條説批判は、同章の注のところで行なう）、その一例は除き、まず、『播磨』『古語拾遺』の二十一例に関し言えば（例示は省略）、後述する、記録類における顕著なムカシ偏重、すなわち、ムカシ連続説に帰結する明確性あるいは記録に適す特質で説明でき、本来イニシへの領分であるはずの「神々の時代」に対するムカシ使用は、それで説明可能となる。なお、「神々の時代」に対するムカシ使用例ばかりに注目する西條も、一方では、「人の代もムカシとされ」て「事例を数えればその方が多い」ことを認めているから、経験内の過去に対するムカシ多用は知っていると察せられる。ならば、経験外／内の過去に対するイニシへ／ムカシ多用と符合しないことを、どう説明するのか。西條は、右のとおり「多」さを認めた後、次のようにつづけ、さらに、西郷のムカシ断絶説を援用する。

だがムカシの時間意識が神々の時代をも含むという事実は、やはり見逃してはならないこれでは、都合の悪そうな例＝経験内の過去に対するムカシ多用、および、都合の悪そうな説＝ムカシ連続説から、目を背けていることになる。その点、私見では、ムカシ連続説で説明できるし、「神々の時代」に対するムカシ使用を右のごとき明確性で説明すれば、目を背けることにならない。次に、西條は、「前世」に当たる『霊異記』の一例に関し（『新編全集』では一六五頁で、同様な例は七一・二〇三・二〇八頁にもある）、「ムカシとは『今』と断絶した異次元の時間帯、経験的な時間感覚を超えた大過去」ゆえ「前世をいうこともできた」、と述べる（「『今』と連続し経験的な時間意識の次元でとらえられるイニシへとは異なった時間」とも述べる）。しかし、そこは、注9の、ムカシ連続説に帰結する前世の連続感で説明するのが妥当と思う。残る『常陸』の一例も次章の注のところで否定できるから、西條説には従えない。

28 『万葉』題詞冒頭付近で時代提示する例としてあげたうち、三七八八番のみ「昔」の前に「或の曰く」があり、ほかは何もなく、冒頭に「昔」がくる。ちなみに、山口は、三七八六・三七八八番の題詞と三八一〇番の左注における冒頭付近のムカシ使用例を三つ示した後、次のようにまとめている。

ムカシは、過去をイマとは異質な時間として捉える語である。語り手は、冒頭にムカシの語を置くことにより、内容の事実性に関して聞き手の疑念が生じないように配慮したものではなかろうか。

しかし、それらの時代提示は、後述するように、ムカシ連続説に帰結する明確性あるいは記録に適す特質で説明すべきと考えられる。関連して言うと、『万葉』題詞・左注には、イニシへ使用例が四つあり、題詞冒頭付近での時代提示ではないムカシ使用例も二つあるので、以下、それらを二グループに分けて説明しておく。まず、「曰く、『～』といふ。乃ち歌を」「曰く、『～』といふ。即ち、この歌は」「曰く、～といひて、即ちこの歌を」といった似たかたちの、「～」中にある八一三番の題詞終盤・八番の左注中盤・四二九四番の左注終盤の三例は、次のようにある。

古老相伝へて曰く、「往者、息長足日女命、新羅の国を征討したまひし時に―中略―」といふ。乃ち歌を作りて曰く

山上憶良大夫の類聚歌林に検すに、曰く、「―中略―天皇、昔日の猶し存れる物を御覧して―中略―」といふ。即ち、

この歌は天皇の御製なり。ただし、額田王の歌は、別に四首あり。

少主鈴山田史土麻呂、少納言大伴宿禰家持に語りて曰く、昔、この言を聞くといひて、即ちこの歌を誦せるなり。

第五章で述べるが、題詞・詞書・左注は、全体が明確な記録として客観的に記述されたものととれるから、明確性のムカシ使用がふさわしい。では、なぜ一つ目だけイニシヘ使用なのか。たとえば、三八〇八・三八一〇番の左注では「右、伝へて云はく」につづいて「昔」がくるのに、一つ目では「古老相伝へて曰く」につづいて「往者」がくる。「古老」に注目しよう。これに引っ張られれば、断絶感・漠然性のイニシヘを使用してもおかしくないと思われる。次のもう一つのグループのイニシヘ使用例も、その使用が当然な特例的なものと言える。一つ目の、『新編全集』が原文「古今」を「古と今と」と分けて読み下す八一五番の題詞終盤の「古」は、『全集』の注によると、「この現在」と比較する「落梅の詩篇を作った中国の古」をさすため、経験外の遠く断絶的で漠然とした過去としてイニシヘを使用するしかなく、二つ目の、三七八六番の題詞中盤に「古より今までに」として出てくる「古」も、「古今に当たる経験外の〈ずうっと的網羅性〉の強調を確認できる」例と前述したとおり、やはり、イニシヘを使用するしかない。また、三つ目の、「古の倭文機帯を」ではじまる二六二八番歌に付く左注は、「一書の歌に曰く」以下に第二・四句が異なる異伝歌を示す。それが「古」ではじまれば、そう記すしかなく、こちらのグループのイニシヘ使用例三つにも、特例的なものと見なせる理由がある。以上、ここで見たムカシ使用例も、イニシヘ使用例も、みな、山口説でなく私見のとおりに考えられ、私見は揺らがない。

29 『播磨』で唯一「伝へて云はく、上古の時に」にイニシヘが使用されるのは、「伝へて」が付いているからと思われる。「伝フ」の付かない「一云ふ」「一家云へらく」もあるが（『新編全集』四七・一〇七頁）、それらにつづく場合は、他のムカシ使用例同様、「昔」を用いる。『播磨』としては、「伝フ」がもたらす漠然性を意識し、そこだけ「昔」ならぬ「上古」を用いたのではないか。この例は、前節で述べたイニシヘの漠然性を敷衍して考えたい。

30 『出雲』の「古」「往古」五十一／「昔」一例に関しては、〈イマに連なるイニシヘ〉以外僅少な点以外にも、説明がまだのイニシヘ使用例が一つのみある。説明済みの〈イマに連なるイニシヘ〉五例（原文「古」）と「昔」一例のほかに、往古の時に、此処に群家ありき。今猶ほ旧きを追ひて大原と号く。

という「往古」が唯一残っているので（『新編全集』二六一頁）、ここで説明しておく。これには、

今の群家ある処は、号けて斐伊の村と云ふ。

という小字の注がつづき、それから察すると、「郡家」は「斐伊」に移って「大原」にもうないため、旧都の都時代に対し断絶感・漠然性のイニシへ使用が基本であったのと同じ理由で（前節参照）、イニシへ使用になっているように思う。

Ⅳ　結びあるいは『伊勢物語』への流れ

たとえば、Ⅰ節で紹介した『万葉』三七八番歌は、次のようなイニシへ使用例である。

古の古き堤は年深み池のなぎさに水草生ひにけり

これに関する拙稿「山部赤人の藤原家之山池歌の表現方法」では、第一句「古の」の遠く断絶的で漠然とした雰囲気に注目し、「〈漠然〉からの始発」を理解し得た。そこまで理解するには、イニシへ連続説でも、イニシへ同質説でもなく、イニシへ断絶説を妥当とし、それで読まねばならない。また、前々節で「昔の人」が誰なのか諸説あると紹介した『万葉』四四八三番歌に関しても、ムカシ断絶説やムカシ異質説ではなく、ムカシ連続説を妥当としなければならず、そのようにして読めば、「昔の人」は、比較的近時に他界した、折に触れ何度も強く「思い出される、心理的に近く連続的で明確な故「人」、と理解できた。今後は、イニシへ断絶／ムカシ連続説にもとづく解釈を、ほかにも試みる必要がある。なお、本章からはじまる「上代におけるイニシへ／ムカシの使い分け」シリーズは次々章までつづき、第四・五章は「イニシへ断絶／ムカシ連続説でわかること」という新シリーズに切り替わるが、両章では「精確に理解」「精確な理解」という表現が頻出し、イニシへ断絶／ムカシ連続説にもとづいてこそそうした「理解」が可能となることを説いている。「ほかにも試み」たものとして参照されたい。

そして、そのような「試み」は、本節でも示す。イニシヘ断絶／ムカシ連続説が、中古のなかでも比較的早く成立した『伊勢』の殆どの場合において妥当なことを明らかにし【注31】、以て結びとする。前々節で「次々節や第五章で論じる、上代の例の名残と考えられる、上代に比較的近い頃の中古の例もある」と述べたとおり、『伊勢』がそれに当たる可能性は高い。以下、該当する例を示し、上代におけるイニシヘ／ムカシの使い分けはイニシヘ断絶／ムカシ連続説で説明できる、とした前節までの私見を、上代↓中古の継承を示すことで補足する。

さて、I節において、「遥か彼方へ去っていってしまった」イニシヘ／「もっと近い、自らの回想や記憶の中」にあるムカシ、とする『歌ことば』の「昔」の項は、つづけて、

> いにしへのしづのをだまき繰りかへしむかしを今になすよしもがな

といった三二段収録歌にある「いにしへ」と「むかし」に関し、次のように区別していて【注32】、頷ける。

> 序詞中の古代の織物の糸を繰る糸巻である「しづのをだまき」が「いにしへ」であるのに対して、自らのかつての恋の経験が「むかし」と詠まれているのは、両者の違いをよく表している

右は、序詞中の経験外の遠く断絶的で漠然としたイニシヘと、それ以降の経験内の近く連続的で明確なムカシを比較しているから、イニシヘ断絶／ムカシ連続説の妥当性を指摘できる。また、同書同項は、さらに、

> 月やあらぬ春やむかしの春ならぬわが身ひとつはもとの身にして

という四段収録歌を例として示し、次のように指摘する。

> 去年までの恋人とともにした春が「むかし」なのである。

これに関しては、経験内の過去に対する連続感・明確性のムカシ使用ととる点に頷くと同時に、第五章で、人事の変化・断絶感と対比される自然の不変・連続感を言うのに適すムカシ使用としても説明する（なぜ二つの見方が可能となるかも同章で述べるが、ここでは、いずれでとってもムカシ連続説で説明可能なことをおさえておく）。

『歌ことば』につづき、望月論文にも注目すれば、望月は、「平安時代のムカシとイニシヘ」中の「源氏物語ま

での「イニシヘ」のなかで、「あいまいな過去」として、

いにしへはありもやしけむ今ぞ知るまだ見ぬ人を恋ふるものとは

という、自分の「知」らない時代である「いにしへ」と自分が生きている時代である「今」を比べる一一一段収録歌を例示しており、加えて、「世代の異なる人が知っている過去」「翁たちの世代の人が知る過去」として、

いにしへのことなど思ひ出で聞えけり。

といった八三段第二部の地の文におけるイニシヘ使用例を例示したり、『心の向く過去（ムカシ）』と素直に言えない過去」として、主人公が前婦に詠む、次の六二段収録歌を例示したりしている。

いにしへのにほひはいづらさくら花こけるからともなりにけるかな

確かに、一一一段「いにしへ」に関しては、前々節で述べたイニシヘの断絶感・漠然性＝「あいまい」さで説明できて、イニシヘ断絶説が妥当なように思う。また、八三段第二部「いにしへ」に関しても、「惟喬の親王」が出家遁世した現況が過去と断絶感あるもので、その過去も漠然としたものになりつつあるとすると、そこを誇張して表現するために、前々節で述べた〈絶対的には近く連続的であるものの心理的には遠く断絶的なイニシヘ〉を使用した、と考えられ、イニシヘ断絶説が妥当なことがわかる。これに関し、望月は、「不遇な惟喬親王を慰めようとして、翁が思い出話をした」その「思い出話」の時代を「いにしへ」ととるようであるが、断絶的で、かつ、漠然としつつある「思い出話」の時代ととっているとしたら、あるいは、断絶感・漠然性のイニシヘ使用ととっているとしたら、頷き得る（注33の百井論文も「親王との思い出は、現在とは遮断された過去のものとなってしまった」ととっていて、頷ける）。関連して言うと、前々節で論じたとおり、たとえば、『万葉』三七九一番歌では、「老翁」が、「娘子等」の知らない自分の青年時代に関し、断絶的で漠然と感じられる「古」を用いて詠んでいたし、㊆では、「思いがけ」ず「来訪」した「関係の絶えていた以前の夫」に関し、絶対的な時間の尺度だけで見ると、遠く断絶的で漠然とした過去の「人」でないのに、心理的に遠く断絶的な、もはや漠然とした過去

の「人」＝「古人」と詠んでいた。遠く断絶的で漠然とした過去として見たがっている点で、共通性を見出せる。

六二段収録歌「いにしへ」に関しても言えば、ムカシ使用にならない理由を、望月は、次のように説明する。

ムカシと言えば、なつかしいあの頃の意になり、男の心の中で女は重要な位置を占めていたことになる。ムカシとは言えない場合である。

経験内の過去を経験外の過去のように詠む主人公の「男」は、〈絶対的には近く連続的であるものの心理的には遠く断絶的なイニシヘ〉を使用している。「『心の向く過去（ムカシ）』と素直に言えない過去」、あるいは、「なつかしいあの頃の意」になる「ムカシとは言えない」過去、ととる望月説でも、前婦を突き放す感じは出ており、言いたいことはわからなくもないが、『伊勢』研究者の私が六二段を読むなら、類する六〇段とセットでつなぎ読む。

五月待つ花橘の香をかげばむかしの人の袖の香ぞする

という六〇段収録歌には、「むかし」が用いられている。拙稿「伊勢物語相補論序説Ⅰ―章段単位での考察―」（『伊勢物語相補論』平15・9おうふう）で論じたとおり、六二段収録歌も六〇段収録歌も主人公が零落した前婦を難じる歌でありながらも、その難じ方に差があるのは、各前婦の愚かさ・零落の程度に差があるからと考えられる。主人公は、より愚かで零落している六二段の前婦には、「過去を思い出せない」と詠み、一方、まだましな六〇段の前婦には、「過去を思い出せる」と詠む。六二／六〇段で詠まれる過去を比べると、前者は遠く断絶的で漠然とした過去で、それには「いにしへ」が用いられ、後者は近く連続的で明確な過去で、それには「むかし」が用いられる。よって、イニシヘ断絶／ムカシ連続説が妥当と言える**【注33】**（六二段「いにしへ」に類する例を前々節で論じた『万葉』歌のなかからさがすなら、㊆や三七九一番歌をあげることができる）。

右の三二・四・六〇段の各収録歌におけるムカシ同様、経験内を連続的に遡る明確な過去ととれるムカシ、換言すれば、ムカシ連続説が妥当と思われるムカシは、ほかにもある。二四段に収録される、

梓弓ひけどひかねどむかしより心は君によりにしものを

という、離れ行く主人公をとどめようとする「女」の歌は、そのように見ていい。

そして、『伊勢』各段冒頭の時代提示に用いられる常套表現「むかし」に関しては（一七段冒頭のみ「むかし」ではじまらない）、前節で述べた、ムカシ連続説に帰結する明確性あるいは記録に適す特質で説明可能と考える。そう考えなければ、一代記として語っていくことの説明ができない。なお、冒頭「むかし」と頭尾の対応をなすはずの、一・四〇・九三段各末尾にくる語り手のコメントにおける「むかし」も、対をなすと見るなら、冒頭「むかし」と同じと見なし得る。また、八七段冒頭からつづく次の注記的説明中にも、同様な「昔」がある。

昔の歌に、

蘆の屋の灘の塩焼きいとまなみ黄楊の小櫛もささずきにけり

とよみけるぞ、この里をよみける。

右は、経験内を連続的に遡る主観的過去としてではなく、経験外の断絶感ある客観的過去としてのムカシを使用したものと思われ、明確性あるいは記録に適す特質ゆえのムカシ使用ととれる。

一方、「紀の有常といふ人」がいて「昔よかりし時の心」をもちつづけていたと説明する一六段序盤のムカシや、「むかし仕うまつりし人」たちが「あまた集ま」ったと説明する八五段中盤のムカシは、冒頭の「むかし」を物語の当時とすると、そのなかの古い頃に当たるが、それらは、「紀の有常」「仕うまつりし人」にとっての経験内を連続的に遡る明確な過去である。

とにかく、明確性のムカシも、連続感のムカシも、ムカシ連続説が妥当な点は変わらない。

ただし『伊勢』のイニシヘ／ムカシ使用例全てを、イニシヘ断絶／ムカシ連続説で説明しきれるとは限らない。

いにしへゆくさきのことどもなどいひて

いにしへよりもあはれにてなむ通ひける。

という、二二段の地の文中にある両「いにしへ」は、経験内を連続的に遡る明確な過去をさすにもかかわらず、ムカシならぬイニシへを使用する。ちなみに、ここでは、前述した八三段第二部「いにしへ」とちがい、誇張して表現すべき断絶感はなく、むしろ、ともに「忘れ」きれない連続感から復縁に至る「女」と「男」の話なので、その点では、ムカシ使用でよさそうで、イニシへ／ムカシ使い分けの曖昧化が進みはじめる一端である可能性を考え得る。ただし、両「いにしへ」にはさまれる二首の時間表現が、「千夜をひと夜に」見なすとか、その「八千」倍とか、誇張的ではあるから、そこに合わせ、経験内の過去をより遠く遡るイメージにすべく、ムカシならぬイニシへ使用にした可能性もまた考え得る。となれば、第五章で示す「『松』の『千代経たる』点に合わせるべく、断絶感・漠然性のイニシへ使用になっ」た『土佐日記』の例に、類するかもしれない。ともかく、すんなり説明できない例もあって、同章では、曖昧化の進行が明らかな『落窪』『源氏』『拾遺』『後拾遺』あたりの例を示す。

以上、中古のなかでも比較的早く成立した『伊勢』の殆どの場合に、イニシへ断絶／ムカシ連続説が妥当と言えた。上代においては、前々節で見た西郷のイニシへ連続／ムカシ断絶説や前節で見た山口のイニシへ同質／ムカシ異質説ではなく、イニシへ断絶／ムカシ連続説こそ妥当、とする私見は、本節を以て補足できたと思う。前節で述べたとおり、今後は、この私見に対し、避けずに真正面からとり組んでほしい。Ｉ節で紹介したような厳しい現状ではあるが、その現状を本書の刊行を以て僅かでも知らしめ、収束への一助となれるなら、幸甚である。

注

31 前々節で第五章に関し予告したとおり、上代→中古でイニシへ／ムカシの使い分けの曖昧化が進んでくると認められるなら、当然、『伊勢』においてイニシへ断絶／ムカシ連続説を適用できない例がある可能性も考えねばならない。

32 望月も、「平安時代のムカシとイニシへ」中の「源氏物語までのムカシ」のなかで、「いにしへ（遠ク過ギ去ッタ古代）」と「むかし（ナツカシク忘レガタイアノ頃）」というように区別している。『歌ことば』と同様と言える。

33 石田穣二『伊勢物語注釈稿』平16・5竹林舎は、六〇段収録歌に関し、次のように注している。

「昔」とは、事情ががらりと変わって、現在とは遠く隔たった時代としてふりかえられる時代というほどの意味で、

「昔の人」と言えば、故人を意味する場合も多い。そういう場合、時間の長短は必ずしも問わない。この場合も、原歌としては故人であるかも知れないが、それは、「袖の香」と言うのであるから、いずれにせよ、日常馴れ親しんだ人である。

「時間の長短は必ずしも問わない」点・「日常馴れ親しんだ人である」点には頷けるとしても、「事情ががらりと変わって、現在とは遠く隔たった時代としてふりかえ」っている、ととるのは、いかがなものか。そこはムカシ断絶説になっているため、頷けない。そのように「ふりかえ」る場合は、六二段収録歌のごとくイニシへ使用になるはずである。なお、「『昔の人』と言えば、故人を意味する場合も多い」と述べてムカシ断絶説をもち出しているところは、前々節で批判した西郷説に類するから、同節における西郷説批判を参照されたい。ここは、やはり、上代の例の名残ととらえ、ムカシ連続説を妥当とすべきように思う。ムカシ断絶説ではなく、ムカシ連続説（およびイニシへ断絶説）で考える必要がある。また、注10で述べたとおり、六二／六〇段の各収録歌におけるイニシへ／ムカシの明らかな使い分け（およびその基準）に関しては、第四・五章も参照されたい。さらに、百井順子「『伊勢物語』の空間と時間—その歌物語的構造—」（「日本文学ノート」平11・1）は、Ⅰ節で紹介したのと同じ伊藤『全注』のイニシへ断絶／ムカシ連続説を援用して、六〇／六二段各収録歌にあるムカシ／イニシへに関し、「懐古の情」の有無を指摘する。そして、次のようにつづける。

前者では、〈男〉は、女と生活した過去の時間に戻る円環的な時間意識があるのに対し、後者は、過去の時間を回想する円環的時間が介入しながらも、過去の時間を突き放した態度で観照している。

ムカシ／イニシへの連続／断絶感を言っているようで、そうなら、頷き得る先行研究と言える。加えて、前述した、八三段の地の文中のイニシへに関し「現在とは遮断された過去」と見る点も、イニシへの断絶感を言っていて、頷ける。平26・12の名古屋平安文学研究会での研究発表「上代におけるイニシへ／ムカシの使い分けと『伊勢物語』六〇・六二段」や本章の初出論文である平27・3の「上代におけるイニシへ／ムカシの使い分け—イニシへ断絶／ムカシ連続説の妥当性および『伊勢物語』への流れ—」（「国語国文学報」）の段階では、見落としていた。ここに記し、詫びる次第である。

第二章　上代におけるイニシヘ／ムカシの使い分け（続）

―『常陸国風土記』にイニシヘ断絶／ムカシ連続説を適用することの妥当性―

Ⅰ　序

前章「上代におけるイニシヘ／ムカシの使い分け―イニシヘ断絶／ムカシ連続説の妥当性および『伊勢物語』への流れ―」で、私は、ある程度の例を示した上で、「イニシヘ／ムカシをどう使い分けるかはケースバイケースで考えねばなら」ないことを述べ、つづけて、次のように述べた（引用文中の『日本国語』は、『日本国語大辞典第二版』）。

そうしたムカシ使用を説明する際に思い出したいのが、あるいは、『日本国語』の「むかし」の項にある「時間の隔たりの多少にかかわらず用いる」との指摘を説明する際に思い出したいのが、―中略―ムカシ使用例における明確性なのである。私は、その明確性を敷衍して次のように説明し得ると考える。すなわち、ムカシの明確性に注目してムカシが記録類に向いた語であると指摘できるなら、言い換えると、ムカシ連続説に帰結する明確性あるいは記録に適す特質を明らかにできるなら、たとえば、本来ならイニシヘを使用すべき「神々の時代」に対するムカシ使用の理由もわかる、というものである。

そして、『万葉』の歌ならぬ題詞・左注、『風土記』中の『豊後』『肥前』『播磨』、『霊異記』、といった記録的性格の強い類のものを見」て**［注1］**、「顕著なムカシ偏重が認められる」ことを明らかにしたのであった。

具体的に振り返ると、『万葉集』において題詞冒頭付近で時代提示する際、イニシヘを使用しないで、使用する場合は決まってムカシを使用し（三七八六・三七八八・三七九一・三八〇三・三八〇四番）、左注「右、伝へて云はく」以下の時代提示も同様であった（三八〇八・三八一〇番）。『風土記』においても、『豊後』『肥前』は、イニシヘを使用することなく、「昔者」「昔時」「曩者」といったムカシで統一しており（『豊後』一七・『肥前』二六例）、『播磨』は、唯一イニシヘを使用する「伝へて云はく、上古の時に」を除く三一例に**［注2］**、「昔」を用いていた。『霊異記』の場合も、次々節でとりあげる〈イマに連なるイニシへ〉二例を除く二七例が、「昔」「昔時」「昔世」「往昔」というムカシを使用していて、前章では、

これほどまで顕著なムカシ偏重が認められれば、ムカシは記録類に向いた語と言えるし、ムカシ連続説に帰結する明確性からそうなっている、とも言える。明確性あるいは記録に適す特質ゆえのムカシ偏重、ということである（『角川古語』の「むかし」の項にある「古くからの伝承で実際にあったことだということを示したりする」用法が該当する）。

と指摘し**[注3]**、『日本書紀』にもムカシ偏重の傾向が認められることや、明確性あるいは記録に適す特質ゆえのムカシ使用例が『紀』のほか『古事記』および『風土記』中の『出雲』にもあることを指摘して、『風土記』中で残る『常陸』については、次のように予告した。すなわち、「『常陸』においてイニシへ／ムカシが『古』『上古』『古昔』一七／「昔」八例、という使い分けに関し」、本「章で、『常陸』へのイニシへ断絶／ムカシ連続説適用の妥当性を説く」、と。

なお、右のイニシへ断絶／ムカシ連続説とは、遠く断絶的な過去あるいは漠然とした過去に対してはイニシへを使用し、近く連続的な過去あるいは明確な過去に対してはムカシを使用する、というもので（絶対的な時間の尺度だけでは見ず、心理的にどう感じているかを見る）、詳細は前章を参照されたい。また、イニシへ断絶／ムカシ連続説の立場から、西郷信綱「神話と昔話」（『神話と国家　古代論集』昭52・6平凡社）のイニシへ連続／ムカシ断絶説や山口佳紀「説話文献の文体史的考察」（『古代日本文体史論考』平5・4有精堂）のイニシへ同質／ムカシ異質説に対し、避けないで真正面からとり組んで批判してあるので、その点でも同章を参照されたい。

注1　本章でとりあげる本文は、『万葉』『風土記』『霊異記』に限らず、『新編全集』により、『万葉集』の歌番号以外は同書の頁数で示して、小字で示される箇所や『風土記』の逸文は対象外とした。

2　この唯一のイニシへ使用例に関しては（『新編全集』二七頁）、前章の注のところで、
　　『播磨』としては、「伝フ」がもたらす漠然性を意識し、そこだけ「昔」ならぬ「上古」を用いたのではないか。
と説明した。

3　『角川古語』は、『角川古語大辞典』をさす。

Ⅱ　明確に記録する中央性（および明確さと言い得る詳しさ）ゆえのムカシ使用

本節では、まず、ムカシ連続説に帰結する明確性あるいは記録に適す特質という点に関し、前章の私見を振り返り、次に、『常陸』における「昔」全八例を網羅的に見て、それらにムカシ連続説適用が妥当なことを説く。その際、次節で例示すべき「古」「上古」「古昔」といったイニシへ使用例に関しても、適宜先回りして触れていく。

ムカシ連続説に帰結する明確性、および、それを敷衍して言う記録に適す特質から説明すると、たとえば、

人妻に　我も交はらむ　我が妻に　人も言問へ　この山を　うしはく神の　昔より　禁めぬ行事ぞ　今日の
みは　めぐしもな見そ　事も咎むな

とある『万葉』一七五九番歌では、「神の昔」も「今日」も筑波「山」での乱交が許されていることを詠んでおり、「古来の慣習を明確に信じ」た上で『禁めぬ行事ぞ』と強く詠」んでいることがわかる（前章参照）。同章では、

紀伊の国の昔猟夫の鳴る矢もち鹿取りなびけし坂の上にそある
今日の日にいかにか及かむ筑波嶺に昔の人の来けむその日も
昔より言ひけることの韓国の辛くもここに別れするかも
夜くたちて鳴く川千鳥うべしこそ昔の人もしのひ来にけれ

といった一六七八・一七五四・三六九五・四一四七番の『万葉』歌も例示し、「**明確に**、過去の伝説・古来の慣習

を信じたり、過去のさまをイメージしたり、古来の伝承に頷いたりしている」ところから、

> 漠然とではなく、明確に信じ、イメージし、頷くのは、はるか遠い過去の、絶対的に遠く断絶的で漠然とした事象でも、心理的に近く連続的で明確と感じるからで、そこで「昔」が用いられれば、ムカシ断絶説でなくムカシ連続説が妥当

とまとめた。また、そうしたムカシの連続感・明確性と好対照をなすイニシへの断絶感・漠然性も明らかにすべく、「知ラヌ」イニシへ／「ムカシ見シ」を比較する望月郁子「イニシへ・ムカシ考」（「常葉女子短期大学紀要」昭44・11）の指摘を援用し、イニシへ―ケムの親和性を示す『万葉』歌ばかりが目立つ点にも注目して、イニシへ断絶／ムカシ連続説に帰結することを述べた**【注4】**。そして、その種のムカシの明確性と、前節で紹介した、記録類における「顕著なムカシ偏重」を結び付け、ムカシに関し、「記録類に向いた語と言える」ことや「ムカシ連続説に帰結する明確性」あるいは「記録に適す特質ゆえのムカシ偏重」を説いたのであった。

では、ここからは、『常陸』に目を移し、「古」「上古」「古昔」といったイニシへ使用例にも適宜触れつつ、「昔」全八例を網羅的に見て、それらがムカシ連続説に帰結する明確性あるいは記録に適す特質で説明可能なことを示し、それらへのムカシ連続説適用の妥当性を説く。

『新編全集』三五七・三五九・三六七・三七一・三七六・四〇九・四一五・四一九頁の「昔」全八例中で**【注5】**、

> 昔、倭武の天皇、岳の上に停留りたまひて、御膳を進奉りたまふ。時に、水部をして新たに清井を掘らしめたまふに、出泉浄く香り、飲喫むに尤好かりしかば、勅云りしたまひしく、「能く渟れる水哉」とのりたまふ。是に由りて、里の名を今田余りと謂ふ。

> 昔、遇鹿と号ふ。古老の曰へらく、倭武の天皇、此に至りたまひし時に、皇后、参り遇ひたまふ。因りて名とす。

> 昔、倭武の天皇、舟に乗りて海に浮びて、島の礒を御覧はししに、種々の海藻、多に生ひて茂り栄ゆ。因り

て名づく。

という三七一・四一五・四一九頁の三つは、特に要注目なムカシ使用例のように思う。中央側の由緒ある「倭武の天皇」の過去は、明確な記録として残すべきはずで、ゆえに、明確性のムカシを使用しているのではないか。

『常陸』における彼の位置づけに関し、横山佳永子『『常陸国風土記』における天皇関連記事―定型句『古老曰』との関わりから―』(「古事記年報」平13・1)は、次のように述べる。

ヤマトタケルノミコトを「倭武天皇」として常陸国風土記に記載することがマイナスに働くとは判断せず、むしろヤマトタケルノミコトという中央の人物が常陸国にまで浸透しているのであるということを中央に対してアピールすることにさえなると考えたのではなかろうか。

「中央に対」する「アピール」はあると思われるし、そのためなら、明確な「昔」で記録するのは適切とも思われる。換言すれば、彼の過去に対し漠然性のイニシへを使用するのは不適切と思われ、実際、中央側の由緒ある者=Xを「イニシへ、X～」と記す例は、ないのである。

そして、右とまさに対応する、注目すべき指摘もある。兼岡理恵「『常陸国風土記』行方郡説話」(『風土記受容史研究』平20・2笠間書院)は、『新編全集』三七七・三七九頁の「古」三例に関し、次のように述べている(断っておくと、それら「古」につづく「佐伯」は、注7で述べるように、土着民であり、非中央側の者である)。

行方郡西グループの地名起源譚が「古、佐伯あり、名を○○と曰ふ。因りて○○とする」という極めてシンプルな形で「古」の伝承として語られるのは、これがこの土地に古くから伝わる在地伝承であり、それを『常陸国風土記』の筆録者が駅家などの場を利用して収集したものだったのではないか。天皇代や年号が記されない「古」という時代設定は、少なくともこれらの伝承が中央の時間軸に位置づけられないことを意味している。

「『古』という時代設定」が「中央の時間軸に位置づけられないことを意味」するなら、中央側の由緒ある「倭武の天皇」の過去を明確な「昔」で記録するのは、「中央の時間軸に位置づけ」る「ことを意味し」、まさしく対応していて、注目される。非中央／中央性によるイニシヘ／ムカシ使い分けの基本方針が、見えてくる。

ちなみに、中央側の由緒ある者の過去を明確な「昔」で記録する例、すなわち、「中央の時間軸に位置づけ」る例は、もう一つ示し得る（『新編全集』三五七頁）**【注6】**。中央側の由緒ある「美麻貴の天皇」＝崇神天皇が「比奈良珠の命と曰ふものを遣は」す箇所で「昔」を用いており、次のようにある。

昔、美麻貴の天皇馭宇しめしし世に、東の夷の荒ぶる賊を平け討たむと為て、新治の国の造の祖、名を比奈良珠の命と曰ふものを遣はしたまひき。

「倭武の天皇」の過去に対し「昔」を用いた三例と同じく、明確に記録する中央性ゆえのムカシ使用と考えられ、これで三＋一例で四例となる。

また、兼岡説の補足もすれば、こうした中央側の由緒ある「天皇」の過去を明確な「昔」で記録する四例と対照的に、兼岡が注目した「古、佐伯～」三例や、「山の賊」「国栖」といった土着民の過去に対しては（『新編全集』三五九頁、三八六・四一一頁）**【注7】**、明確に記録しない、漠然とした「古」を用いる（三＋一＋二例で六例）。つまり、記録ではなく、伝承として残すわけで、「中央の時間軸に位置づけられ」る者の過去を明確な「昔」で記録した「天皇」関係四例と、漠然とした『古』という時代設定」が「中央の時間軸に位置づけられないことを意味」するそれら六例は、まさに対照的と言える。

この明らかな対照性は、非中央／中央性でイニシヘ／ムカシを使い分ける基本方針を意味し、それは、イニシヘ断絶説に帰結する漠然性あるいは記録に適さない特質、および、それと好対照をなす、ムカシ連続説に帰結する明確性あるいは記録に適す特質で、説明できる。次々章でまたとりあげるが、そうした結論を導き出せるものと思われる。

ただし、土着民の過去に対するにもかかわらずムカシ使用になる、基本方針からはずれる例も、あるにはある。

昔、国巣山の佐伯・野の佐伯在り。

とあるのがそうであるが（『新編全集』三六七頁）、土着民の過去であっても、彼ら自身を詳しく紹介する点で、他と異なっている。右は、次のようにつづく。

普く土窟を置け堀り、常に穴に住み、人の来るあらば、すなはち窟に入りて竄れ、その人去らば、更郊に出でて遊べり。狼の性、梟の情ありて、鼠のごと窺ひ狗のごと盗む。招き慰へらるることなく、弥、風俗に阻たりき。

彼ら自身の暮らしや性情を詳しく紹介していて、その後は、「大の臣の族黒坂の命」が攻撃→「佐伯等」が敗走、と展開する。なお、他の土着民と比べて言えば、「山の賊」の紹介は、

古、山の賊あり、名を油置売の命と称ふ。今も杜の中に石屋在り。

とあるのみで、「山の賊」のいた「石屋」が「今も社の中に」あると記した後は、「石屋」つながりで、「我妹」を「石城にも　率て籠も」ろうとする「俗」の「歌」がくる。『新編全集』は、「俗、歌ひて曰はく」を「土地の人々が歌ってこう言っている」と訳す。「山の賊」から離れて、別の者の「歌」へと展開してしまうわけである。各「佐伯」の紹介も、右同様、短い。

堤賀の里あり。古、佐伯あり、手鹿と名づく。その人居みし為に、追ひて里に著く。

曽尼の村あり。古、佐伯あり、名を疏弥毗古と曰ふ。名を取りて村に著けき。今、駅家を置く。此を曽尼の駅と謂ふ。

男高の里あり。古、佐伯小高といふものあり。その居処為れば、因りて名づく。

各「佐伯」の「名」が「里」「村」「駅」「里」の名の由来であることを記した後は、「佐伯」から離れる。「国栖」の紹介も、

古、国栖、名を寸津毗古・寸津毗売と曰ふ二人あり。その寸津毗古、天皇の幸に当りて、命に違ひ化に背き、

甚粛敬无し。

古、国栖あり、名を土雲と曰ふ。

と、短い。「昔、国巣山の佐伯・野の佐伯在り」につづく紹介ほどには、彼ら自身を詳しく紹介していない。右の後は、前者の場合、「天皇」が「寸津毗古」を誅殺→「寸津毗売」は恭順→「天皇」は許す→「天皇」が「頓宮」に行った際彼女らが奉仕→「天皇」が彼女らを「恵慈（うるは）し」んだためその地の名が「宇流波斯（うるはし）の小野」になる、と展開し、「国栖」が絡みつづける話ではあるものの、「天皇」も絡んでいて、腰を据えて「国栖」自身を詳しく紹介しているわけではない（ここは、先に出てくるのが非中央側の者ゆえに、後で中央側の由緒ある者が出てきても、ムカシ使用にならないでイニシへ使用になる、という注6のとらえ方でいいように思う）。そして、後者の場合は、次のようにつづき、「誅滅し」た側に焦点が当たる。

爰に、兎上の命、兵を発して誅滅しき。時に、能く殺さしめて、「福なる哉」と言へるに因りて佐都と名づく。

ともに、「国栖」自身の詳しい紹介はないまま、中央側の由緒ある「天皇」にも焦点を当てて展開したり、中央側とおぼしき「兎上の命」に焦点を当てて終わったりしている。以上、土着民自身を詳しく紹介しているかに関し、「国巣山の佐伯・野の佐伯」とそれ以外を比べると、詳しく紹介している前者としていない後者の差が歴然としていることがわかった。要するに、「昔、国巣山の佐伯・野の佐伯～」の場合は、彼ら自身の紹介が切り替わらないまま詳しくなっていくため、非中央側の土着民の過去に対し漠然としたイニシへを使用する基本方針からはずれ、明確さと言い得る詳しさゆえのムカシ使用になる、と考えられる**［注８］**。明確に記録する中央性に用いる「昔」ではなくても、明確さと言い得る詳しさに用いる「昔」なら、ムカシ連続説に帰結する明確性あるいは記録に適す特質で説明し得て、その点は、前述した「天皇」関係四例と変わらないわけである。

となれば、『常陸』の「昔」全八例中残るは三例になるが、次の一例は、そこが中央につながる地で、かつ、その地の過去の名残がイマも認められる**［注９］**、といった点で、注目される。『新編全集』三七六～三七七頁には、郡家の南の門に、大き槻あり。その北の枝は、自づから垂れて地に触り、還、空中に聳えき。その地に、昔、水の沢あり。今も霖雨に遇はば、庁の庭に湿潦れり。

とある。右は、「郡家」＝「庁」といった国の出先機関がある（たとえば、『日本歴史大事典』の「ぐうけ」の項では、「律令国家の地方行政組織、郡の役所」と説明される）、中央につながる「地」であり、中央性を有し、かつ、「昔、水の沢」が「あ」った名残が「今も霖雨に遇はば、庁の庭に湿潦」るさまに認められて、そこからは連続感も感じられる。中央につながる地の過去である点に加え、連続感もあるから、明確に記録する中央性ゆえのムカシ使用＋連続感のムカシ使用と見ていい。

もう一例は、『新編全集』三五九〜三六二頁にある。「神祖の尊」が子の「福慈の神」「筑波の神」に泊めてほしいと頼み、それを拒否した前者と承諾した後者の間に差がつく、という架空の伝説であり、

昔、神祖の尊、諸神たちの処に巡り行でまして、駿河の国福慈の岳に到りて、卒に日暮に遇ひて、遇宿を請欲ひたまひき。

とはじまり、次のように終わる。

是を以て、福慈の岳は、常に雪りて登臨ること得ず。その筑波の岳は、往き集ひて歌ひ舞ひ飲み喫ふこと、今に至るまで絶えず。

「神祖の尊」＝中央神／「福慈の神」「筑波の神」を含む「諸神たち」＝地方神、といった図式が成り立ち、中央側の者が「巡」るという点で、前述の「倭武の天皇」とこの「神祖の尊」は同一視できる。前者に類する中央性があるため、後者もその伝説の時代を明確な「昔」で記録する、ととれる（注8参照）。こちらの例も、これまでどおり、ムカシ連続説に帰結する明確性あるいは記録に適す特質で説明可能となる**【注10】**。

しかし、残る三例中二例まではムカシ連続説で説明できても、最後の一例は説明できない。『新編全集』四〇九頁には、

東の山に石の鏡あり。昔、魑魅在り。萃集りて鏡を翫び見て、すなはち自づから去る。

とある**[注11]**。これだけは、判断を保留するほかない。右は、

あらゆる土は、色、青き紺のごとく、画に用ゐて麗し。時に、朝命の随に、取りて進納る。

とつづく。「朝」廷に「進納」する「土」を産するのは「東の山」ととれるから、そこが中央につながると見なせなくもない。けれども、注6の両例から考えるに、『常陸』では、つづく箇所に中央性があろうと、その前に非中央側の土着民がきて、彼らの過去に対しイニシへ／ムカシいずれかを使用する場合は、前者になる。そう思われる以上、土着民たる「魑魅」の過去に対し「昔、魑魅～」と記す理由を、つづく箇所の中央性に求めるのは、無理があるのではないか。つづく箇所の中央性が明確に記録するものであっても、その前の土着民の過去に対してまでムカシを使用すべき、とはならないはずである。また、前述した、明確さと言い得る詳しさゆえのムカシ使用と見なせるほどの詳しさも見出せないし、仮に中央につながると見なせたとしても、「郡家」＝「庁」所在「地」に関する「昔、水の沢あり」とちがい、そこの過去の名残がイマも認められるわけではなく、その点も気になる。「昔、魑魅在り。—中略—去る」という過去の名残は、「朝」廷に「土」を「進納」するイマにおいて認められず、ゆえに、連続感のムカシ使用と見なすこともできない。中央につながる「郡家」＝「庁」所在「地」の「昔～」が「今も霖雨に遇はば、庁の庭に湿潦」るかたちで示されるのに対し、中央につながると見なせなくもない「東の山」の「昔～」はそうではなく、「魑魅」「石の鏡」の話と顔料として「朝」廷に「進納」する「土」の話は別々のものと見ていい。本節で『常陸』におけるムカシ使用の全八例、本節・次節でイニシへ使用の全一七例を網羅的に見る本章ではあるものの、この一例のみは、強度十分な説明ができないのである。

とは言え、それはムカシ＋イニシへ使用の全八十一七例中の一例にすぎず、その一例だけ除いた七十一七例が本節・次節においてムカシ連続／イニシへ断絶説で説明できれば、96％説明可能な方にこそ注目すべきであり、これほどまで高い割合なら、『常陸』にはイニシへ断絶／ムカシ連続説適用が妥当との結論に至ると考え得る。

さて、ここで、『常陸』の独自性をさぐるべく、『豊後』『肥前』『播磨』との比較を行ないたい。イニシへ／ムカシが「上古」一／「昔」三一例の『播磨』に対し（注2参照）、『常陸』におけるイニシへ／ムカシは、「古」「上古」「古昔」が一七例で「昔」が八例である（残る『出雲』に関しては、そのイニシへ／ムカシ使用の全例、および、〈イマに連なるイニシへ〉使用の割合の高さに関する説明を、前章にて行なった**[注12]**）。『常陸』の場合、イニシへ使用の割合の高さが目立つ。とすると、前述した非中央／中央性によるイニシへ／ムカシ使い分けの基本方針を、『常陸』の独自性と認めねばならない（うち二例ある〈イマに連なるイニシへ〉に関しては、次節において説明する）。そして、非中央／中央性によるイニシへ／ムカシ使い分けの基本方針に絞って言うなら、ムカシ使用の対象を限定して中央性を際立たせるのが『常陸』の独自性、といった結論も導き出せる。

本節のまとめに入ろう。『常陸』の場合、非中央側の「山の賊」「佐伯」「国栖」といった土着民の過去に対しては、漠然としたイニシへを使用する基本方針があったのに対し（土着民であっても、「昔、国巣山の佐伯・野の佐伯～」に関しては、明確な記録であるため、基本方針からはずれ、明確さと言い得る詳しさゆえのムカシ使用になっていた）、中央側の由緒ある「倭武の天皇」「美麻貴の天皇」の過去は、明確性のムカシ使用になっていた。この、非中央性ゆえ明確に記録しない（漠然と伝承する）前者六例／中央性ゆえ明確に記録する後者四例、という対照性、あるいは、非中央／中央性によってイニシへ／ムカシを使い分ける、という基本方針は、明らかなものであった。また、それは、『常陸』の独自性とも認められた。ちなみに、そうした非中央／中央側の者から非中央／中央側の地に目を移せば、非中央側の地は、次のようにイニシへを使用している（『新編全集』三八一頁）。

麻生の里あり。古昔、麻、潴水の涯に生ひき。囲み大き竹のごとく、長さ一丈に余りき。

中央につながらない地の過去に対してなので、つまり、非中央性ゆえに、明確に記録しない、漠然性のイニシへ使用になると考えられる。一方、中央につながる地である「郡家」＝「庁」所在「地」の過去に対しては、明確性のムカシを使用していた。右の、者ならぬ地の場合でも、非中央性ゆえ明確に記録しない（漠然と伝承する）前者／中央性ゆえ明確に記録する後者の対照性は認められ、非中央／中央性でイニシへ／ムカシを使い分ける基本方針を見出せる（ただし、中央につながる地と見なせなくもない「東の山」に関してのみは強度十分な説明ができず、イニシへ断絶／ムカシ連続説で説明可能な割合は100％に少しだけ足りない96％となるが、それでも極めて高い割合である）。さらに、架空性がかかわる例についても言うと、注8で述べたとおり、『常陸』は、最後に「松の樹と化成」った「僮子等」の伝説の時代には「古」、巨「人」伝説の時代には「上古」を用いていたし、上陸する「海鯨」や「浜」で「角」が「折」れる「大蛇」の伝説の時代にも「上古」「古」を用いている（『新編全集』三八〇・四〇一頁）。これら架空の伝説で注目すべきは、非中央性および漠然とした過去に対するイニシへ使用と考えられ、同じく架空の「神祖の尊」の伝説で重要なのは、中央性および明確な過去に対するムカシ使用であった。やはり、前者の四例に関しては、非中央性ゆえ明確に記録せず（漠然と伝承し）、後者の一例に関しては、中央性ゆえ明確に記録したと思われるため、そこからも非中央／中央性によるイニシへ／ムカシ使い分けの基本方針は見えてくる（ムカシ偏重の『豊後』『肥前』『播磨』にはそういった基本方針を見出せない上に**［注13］**、中央性を有しない者・地の過去、あるいは、中央性を有しない架空の伝説の時代にも、ムカシを使用している）。本節で網羅的に見た『常陸』のムカシ使用の全八例中、中央性ゆえのムカシ使用例六つや、基本方針からははずれるけれど明確さと言い得る詳しさゆえのムカシ使用例一つに関しては、明確に記録する中央性（および明確さと言い得る詳しさ）ゆえのムカシ使用が認められ、そのムカシが有する明確性は、「ムカシ連続説に帰結する明確性あるいは記録に適す特質」と繰り返し述べてきたとおり、ムカシ連続説に帰結する。『常陸』には、ムカシ断絶説やムカシ異質説でなく（前節参照）、ムカシ連続説適用が妥当、と結論づけることができたのであった。

注4　望月は、「上代のイニシへ」中の「知らぬ過去、忘れかけた過去を言うイニシへについて」で、「ムカシ見シ」と「知ラ

ヌ」の関係を、次のように述べる（「知らぬ過去」の例示は『万葉』三一三・一〇九六番歌、「ムカシ見シ」の例示は「上代のムカシ」中の「ムカシ見シについて」にある三一六・三三二・六五〇番歌および「類例」の四七四番歌で、「忘れかけた過去」の例として示す二六一四番歌も、右の三一三・一〇九六番歌とともに例示している）。

遠い過去を言うイニシヘは、転じて、遠いがゆえに知らぬ過去、忘れかけた過去を言う場合が出てくる。

—中略—

ムカシは、ムカシ見シと使われ、直接体験し、今も印象鮮やかに生きている過去を言い、知ラヌとともには現われない。

同章では、右を紹介し、「イニシヘ／ムカシの断絶感・漠然性／連続感・明確性の図式にとり込めて、ひいては、イニシヘ断絶／ムカシ連続説に帰結する」指摘として援用した。また、イニシヘ—ケムの親和性に関しても、「漠然とした断絶的過去に対し推量するため、イニシヘ—ケムになる」わけで、こちらの私見も、イニシヘ断絶説に帰結する。

5 前章でも述べたとおり、『新編全集』は「未曽見聞」中の「曽」を「むかしより」と読むが（三七五頁）、この「曽」は「かつて」と読むべきであるから、ムカシ使用例に含めない。

6 『新編全集』三八六～三八七頁では、「天皇」が「国栖」を誅殺あるいは恭順・奉仕させ、同書四一一～四一二頁では、「国の造の祖か」と注される「兎上の命」が「国栖」を討伐するが、これらの場面では、中央側の由緒ある「天皇」や中央側とおぼしき「兎上の命」の登場前に、土着民「国栖」が「古、国栖～」として紹介されるので（「国栖」が土着民である点に関しては、注7参照）、つづいて「昔、天皇～」「昔、兎上の命～」というようなムカシ使用の紹介がくることはない。

7 『新編全集』は、三六六頁で、「国巣」に関し、

国主・国樔人・国栖などとも書く。土着の先住民。

と注している。「国巣」＝「国栖」は土着民であり、後述するように、「国巣山の佐伯・野の佐伯」ともあるから、「佐伯」

も土着民「国巣」と考えられる。また、「山の賊」も、やはり後述するように、「山の賊」のいた「石屋」が「今も社の中に」あるとつづくのは、土着性を感じさせる。この点、「国巣山の佐伯・野の佐伯」のところで紹介するが、「普く土窟を置け堀り、常に穴に住」む彼らと共通性があり、同類の非中央側の者と思われる。

8 ただし、詳述していれば必ず明確性のムカシを使用するとは限らず、詳しくても漠然性のイニシへ使用になる例はあって、最後に「松の樹と化成」った「僮子等」の伝説は（『新編全集』三九八～四〇一頁）、次のようにはじまる。

以南に、童子の松原あり。古、年少き童子あり。

また、巨「人」伝説も、同書四〇四頁に「（以下略す）」とある欠落箇所を想像するともっと詳しかった可能性があるが、前頁でその伝説の時代を提示する際は、「上古」を用いている。これら両伝説に関しては、架空性に注目したい。架空であれば、詳述していようと、明確に記録するものにならないようで、明確性のムカシではなく、漠然性のイニシへ使用になる。一方、詳述する「昔、国巣山の佐伯・野の佐伯～」が明確な「昔」を用いるのは、両伝説とちがって架空ではなく、明確性のムカシを使用できる話であったからと考えられる。そして、後述する「昔、神祖の尊～」が架空の伝説でありながらも明確なムカシを使用するのは、中央性があるからと思われる。非中央／中央性でイニシへ／ムカシを使い分ける基本方針を考えると、そうなるように思う。

9 ここで言う「名残」とは、地名として残っているというほどの微かなものではない。

10 西條勉「フルコトをどう考えるか」（『古事記と王家の系譜学』平17・11笠間書院）は、「神々の時代をムカシと呼」んでいる四例を示し、西郷のムカシ断絶説をもち出して、次のように述べる。

ムカシとは「今」と断絶した異次元の時間帯、経験的な時間感覚を超えた大過去のことである。

四例中三例までは前章の注のところで批判したが、残る一例はこの「昔、神祖の尊～」であり、『常陸』のイニシへ／ムカシ使用例をとりあげる本章で論じることになっていた。本章での私見は、「昔、神祖の尊～」は、中央性ゆえ明確な「昔」で記録してあり、ムカシ連続説に帰結する明確性あるいは記録に適す特質で説明し得る、というものであって、やはり、西條説に頷くことはできない。

11 同書は、「魑魅」に関し、

鬼の類。ここでは土蜘蛛などをさすか。

と注している。「佐伯」「山の賊」「国栖」同様、土着民と見ていい。

12 〈イマに連なるイニシへ〉以外がイニシへ／ムカシ使用例各一つしかない、といった僅少さに関しては、次章で触れることを予告してある（注16参照）。

13 残るは『出雲』であるが、唯一のムカシ使用例「昔、或る人、此処に山田を佃りて守りき」は（『新編全集』二六三頁）、中央性を有しない。従って、『出雲』は、非中央／中央性によってイニシへ／ムカシを使い分けていないことになる。『豊後』『肥前』『播磨』に『出雲』を加えて比較しても、『常陸』の基本方針あるいは独自性に関する私見は揺らがない。

Ⅲ　明確に記録しない（漠然と伝承する）非中央性ゆえのイニシへ使用

『常陸』における非中央性ゆえのイニシへ使用に関しては、ムカシ使用に関する前節のまとめに入る前に六例、まとめに入ってから五例を、先回りしてとりあげており、『新編全集』三五九・三七七・三七九・三八〇・三八一・三八六・三九八・四〇一・四〇三・四一一頁にある「古」「上古」「古昔」の一一例は説明したところであるが、全一七例中六例の説明はまだである。明確に記録しない（漠然と伝承する）非中央性ゆえのイニシへ使用を論じる本節では、〈イマに連なるイニシへ〉二例を説明した上で（ともに「古より」というかたち）、非中央性ゆえ「古」「上古」を用いる残る四例をとりあげ、網羅的な説明をめざす。

まず、〈イマに連なるイニシへ〉二例から。

前章では、〈イマに連なるイニシへ〉自体に関し、次のように考えた。

語感自体が遠く断絶的で漠然としたイニシへを始発点に置けば、終着点イマまでの経験外の〈ずうっと的網羅性〉を強調できる。

←

そして、そうした経験外の〈ずうっと的網羅性〉を強調する文脈は、上代において多い。

←

となれば、それを強調し得る〈イマに連なるイニシへ〉が多いのも頷ける。

このイニシへ断絶説に帰結する〈イマに連なるイニシへ〉の詳細に関しては、同章を参照されたい。

また、同章では『霊異記』におけるイニシへ／ムカシ使い分けにも目配りしていて、「往古」が二例で「昔」「昔時」「昔世」「往昔」が二七例という、記録類における「顕著なムカシ偏重」を指摘したほか、二例だけある〈イマに連なるイニシへ〉に関しても、『常陸』の〈イマに連なるイニシへ〉二例とともに本章でとりあげ、『霊異記』の二例がムカシ偏重の基本方針を超越している点を指摘する旨予告した。それらは、

往古より已後まで、斯の奇しきに過ぎたるは莫し。

往古より今来、都て見聞かず。是れも亦我が聖朝の奇異しき事なり。

という「古今〜ことはない」的なイニシへ使用例であるが（『新編全集』一六六・三三三頁）、『霊異記』に「顕著なムカシ偏重」の基本方針がありながらも両「往古より」を有するのは、こうした古今東西の古今に当たる経験外の〈ずうっと的網羅性〉を強調する文脈には、その強調ができる〈イマに連なるイニシへ〉がふさわしいからにほかならない。経験外の〈ずうっと的網羅性〉を強調する文脈には〈イマに連なるイニシへ〉、といったパターンが厳然としてあり、それは、ムカシ偏重がどれほど顕著であっても、その基本方針に左右されることなく超越的に使用されるわけである。定型化されているとみていい。

これを踏まえて言えば、『常陸』の両「古より」のうちの一例目は、基本方針を超越する〈イマに連なるイニシ

〈へ〉と見なせるか、気になるものである。ただし、ムカシ偏重に該当しない『常陸』で言う「基本方針」とは、非中央／中央性によるイニシへ／ムカシ使い分けの基本方針であり、基本方針の種類が『霊異記』と異なる点をおさえておく必要がある。さて、前章でも示した、

凡て、諸の鳥の経過ぐる者は、尽に急く飛び避けて、峰の上に当ることなし。古より然為て、今も亦同じ。

という「古今～ことはない」的なイニシへ使用例は、『霊異記』の両「往古より」同様、古今に当たる〈イマに連なるイニシへ〉で、経験外の〈ずうっと的網羅性〉を強調する文脈で使用されている。実は、「尽に急く飛び避けて、峰の上に当ることな」いのは、中央神と言うべき「天より降」った「天つ神」の「立速男の命」＝「速経和気の命」＝「神」の霊威によるものと思われる（『新編全集』四一二～四一三頁）。とすると、前節で論じた中央神＝「神祖の尊」の例のように、本来なら「倭武の天皇」の例に類する中央性ゆえのムカシ使用になってよさそうな場面なのか、一瞬考えてしまう。しかし、直前の一文の主体はイニシへ使用でいい非中央側の「諸の鳥の経過ぐる者」のため、当該箇所の主体こそが重要となる注6のパターンを適用し、ここは、〈イマに連なるイニシへ〉が基本方針を超越するパターンとは見ないでおく。基本方針では中央性ゆえムカシ使用になるはずのところ、それを超越して定型化された〈イマに連なるイニシへ〉になっている、とはとらないでおこう。

二例目は、『霊異記』の両例や右の一例目のような「古今～ことはない」的なイニシへ使用例ではないものの、経験外の〈ずうっと的網羅性〉を強調する文脈で使用される点は変わらない。注8や前節で紹介した「僮子等」の伝説の最後において、彼らが「松の樹と化成」ってから、次のように出てくる例である。

郎子を奈美松と謂ひ、嬢子を古津松と称ふ。古より名を着けて、今に至るまで改めず。

「松」は「いかにも時間の重みを感じさせる木」であり**［注14］**、「奈美松」「古津松」として残っているところからは、「古より―中略―、今に至るまで」の長さが、経験内の〈ずっと的広範性〉を示すのではなく、経験外の〈ずうっと的網羅性〉を強調していることがわかる（「ずっと的」は「ずうっと的」より、「広範性」は「網羅性」よ

り狭い範囲をさす表現として使い、それに応じて「示す／強調する」も使い分けている)。問題は、中央性ゆえムカシを使用する基本方針を超越するか、という点であるが、この伝説の時代を提示するために冒頭付近にあるのはもともと「古」であり、非中央性および漠然とした過去に対するイニシヘ使用と言えるから、こちらでは、右の問題は気にしなくていい。『常陸』の〈イマに連なるイニシヘ〉は、前述の一例目も、この二例目も、基本方針を超越するものではない。ここでは、前述した「イニシヘ断絶説に帰結する〈イマに連なるイニシヘ〉」という点のみおさえておこう。

『常陸』のイニシヘ使用例で説明がまだの六例中二例は、右のように説明できた。残る四例は、『新編全集』三五五・三五七・三五九・四〇九頁にある、次のような「古」「上古」である。

古は、相摸の国足柄の岳坂より以東の諸の県は、惣べて我姫の国と称ひき。

古の人、常世の国と云へるは、蓋し疑はくはこの地ならむか。

筑波の県は、古、紀の国と謂ひき。

上古の時に、綾を織る機を、知れる人在らざりき。

一・三例目は旧国名時代、二例目は「蓋し疑はくはこの地ならむか」と推量する時代(同書の訳は「思うにこの国のことであろうか」)、四例目は「綾を織る機を、知れる人」がまだいなかった時代、というように、遠く断絶的で漠然とした過去＝隔世の感ある時代のことを言っているが、『常陸』の場合は、それだけではイニシヘ使用の理由にならない。前節で見た「古」「上古」「古昔」の一一例と同じく、中央性のなさ＝非中央性ゆえのイニシヘ使用か、といった点が重要であり、果たして、右の全例は中央性を有しない**[注15]**。前節で指摘した、非中央／中央性によるイニシヘ／ムカシ使い分けの基本方針、あるいは、ムカシ使用の対象を限定して中央性を際立たせる独自性は、残るイニシヘ使用例を見て網羅的に確認できた。これによって、私見をさらに揺るぎないものにできたように思う。

明確に記録する中央性（および明確さと言い得る詳しさ）ゆえのムカシ使用を見た前節につづき、本節では、そうした中央性を際立たせる、明確に記録しない（漠然と伝承する）非中央性ゆえのイニシへ使用を見た。もちろん、そのイニシへが有する不明確＝漠然性は、イニシへ断絶説に帰結する。そして、『常陸』に適用すべきは、前節では、ムカシ断絶説やムカシ異質説ではなく、ムカシ連続説が妥当、と結論づけられたし（説明できない一例のみ判断を保留）、本節では、イニシへ連続説やイニシへ同質説ではなく、イニシへ断絶説が妥当、と結論づけられた。本章では、『常陸』にはイニシへ断絶／ムカシ連続説適用が妥当との結論に至ったのであった。

注

14 拙稿「山部赤人の藤原家之山池歌の表現方法―『万葉集』三七八番歌に見る〈絞り込み〉とその〈同調〉―」（『万葉赤人歌の表現方法　批判力と発想力で拓く国文学』平22・3鼎書房）で、『神さぶ』『神ぶ』と結び付く『万葉集』中の植物を調べ」、同数一位の「杉」「松」が「いかにも時間の重みを感じさせる木」であると述べたことがある。なお、「松」のそうしたイメージは、たとえば、同書収録の拙稿「山部赤人の真間娘子歌の表現方法―『万葉集』四三一―四三三番歌に見る聞く歌としてのエンターテイメント性―」で論じた四三一番歌の「松が根や　遠く久しき」からも、うかがえる。

15 これらのうち、「筑波の県は、古、紀の国と謂ひき」は、次の中央性を有する文につづく。

美万貴の天皇の世、采女の臣の友属、筑簟の命を紀の国の造に遣はしたまひし時に、筑簟の命云ひしく、「身が名をば、国に着けて後の世に流伝へしめまく欲りす」といひて、すなはち本の号を改めて、更に筑波と称ふといへり。

前節において、『常陸』では、つづく箇所に中央性があろうと、その前に非中央側の土着民がきて、彼らの過去に対しイニシへ／ムカシいずれかを使用する場合は、前者になる」と述べたとおり、つづく文に中央性があっても、その前に中央とのかかわりを認められない旧国名がきていれば、それに対しイニシへ／ムカシいずれを使用するかに関してはおのずと答が出て、実際、イニシへが使用されている。

Ⅳ　結び

明確に記録しない（漠然と伝承する）非中央性に対しては漠然とした「古」「上古」「古昔」を用い、明確に記録する中央性に対しては明確な「昔」を用いる。そうしたイニシヘ／ムカシ使い分けの基本方針によって、中央性を際立たせる『常陸』の独自性は成り立っていた。また、その使い分けを論じるに際しては、非中央性＝漠然性と結び付くイニシヘ断絶説、および、中央性＝明確性と結び付くムカシ連続説を適用することが妥当と言えた。加えて、前節で見た〈イマに連なるイニシ〈ヘ〉の両「古より」も、イニシヘ断絶説に帰結したし、前々節で見た、中央性ならぬ明確さと言い得る詳しさとかかわらせる「昔」一例も、ムカシ連続説に帰結した。説明できない、判断を保留せざるを得ないムカシ使用例が、前々節に一例だけあったけれど、残るイニシヘ／ムカシ使用の一七十七例が説明できたことを思えば（96％もの割合）、『常陸』がイニシヘ一七例／ムカシ八例をどう使い分けているかの説明、および、『常陸』にイニシヘ断絶／ムカシ連続説を適用することの妥当性の説明は、本章においてなし得たと思われる。

　ただし、上代におけるイニシヘ／ムカシの使い分けを総論的に前章で論じ、同章で先送りした『常陸』の問題を本章で論じたと言っても、『紀』が手薄で、『記』にも残した問題があるため、『紀』（および『記』）に関しては、次章「上代におけるイニシヘ／ムカシの使い分け（続々）──『日本書紀』にイニシヘ断絶／ムカシ連続説を適用することの妥当性（『古事記』にも触れて）──」で詳述する**【注16】**。

　さらに、細かな点に関しても付言するなら、前章においては、

　『常陸』で「古老の曰へらく」の後に「古」がくるか「昔」がくるかを調べると、「昔」「古」「古」「昔」「昔」
　　になる

と指摘したが、本章において、『新編全集』の三五七・三五九・三六七頁にあるそれら「昔」三例に関しては前々節、三五九頁にあるそれら「古」二例に関しては前々節・前節でとりあげており、イニシヘ／ムカシ使用になる各理由は説明が済んでいる。また、同書一〇一・四〇三頁を見ると、同様な巨「人」伝説なのに、『播磨』では「昔」、『常陸』では「上古」を用いていて、こちらも前章で指摘した。前者に関しては、『播磨』を含む記録類の「明確性あるいは記録に適す特質ゆえのムカシ偏重」ということで前章にて説明済みと考えるし、後者に関しては、本章の注8にて説明済みと考える。

さて、前章では、イニシヘ断絶／ムカシ連続説とイニシヘ連続／ムカシ断絶説という、正反対の二説が並存する混乱を紹介し、前者の妥当性を総論的に説いたのであるが、そこで先送りした例をとりあげた本章、および、これからとりあげる次章、ひいては、次々章以降を含めた本書全体を以て、その強度を高めたとしても、厳しい現状を思うと（前章参照）、私見など、蟷螂の斧にすぎないかもしれない。しかし、蟷螂の斧であれ、議論の端緒を開く一助となり得るなら、幸甚である。

注16　『記』は、イニシヘが「古」「往古」の二例、ムカシが「昔」の一例であり、『新編全集』では、前者が一九・三三三頁、後者が二七五頁にある。前章において「古」以外は説明してあるので、次章では、残る「古」の説明をせねばならないし、イニシヘ／ムカシ使用例がいずれも僅少な点に関しても、説明する必要がある（そこで、〈イマに連なるイニシヘ〉以外僅少と前章で述べた『出雲』、および、僅少な点が共通する『古語拾遺』にも、触れる）。

第三章　上代におけるイニシヘ／ムカシの使い分け（続々）

——『日本書紀』にイニシヘ断絶／ムカシ連続説を適用することの妥当性（『古事記』にも触れて）——

I　序

前々章「上代におけるイニシヘ／ムカシの使い分け―イニシヘ断絶／ムカシ連続説の妥当性および『伊勢物語』への流れ―」、および、その続編である前章「上代におけるイニシヘ／ムカシの使い分け（続）―『常陸国風土記』にイニシヘ断絶／ムカシ連続説を適用することの妥当性―」では、上代におけるイニシヘ／ムカシの使い分けに関し論じてきた。本章は、そうした「上代におけるイニシヘ／ムカシの使い分け」シリーズの最後に当たる。次章・次々章からは、そのシリーズを振り返って補足したり、新たな例示で補足したりする、新たな「イニシヘ断絶／ムカシ連続説でわかること」シリーズに入る。さて、イニシヘ断絶／ムカシ連続説の妥当性を説いた前々章は総論的位置づけのもので、同章で詳述していない『常陸』をとりあげ、『常陸』にイニシヘ断絶／ムカシ連続説を適用することの妥当性を説いたのが前章であったが、本章も、前々章で先送りした例をとりあげる点は前章と同様であり、今度は、『日本書紀』（および『古事記』）をとりあげ、やはり、それらへのイニシヘ断絶／ムカシ連続説適用の妥当性を説く。前々章・前章で予告したとおりである。

ちなみに、右のイニシヘ断絶／ムカシ連続説とは、遠く断絶的な過去あるいは漠然とした過去に対してはイニシヘを使用し、近く連続的な過去あるいは明確な過去に対してはムカシを使用する、というもので、絶対的な時間の尺度だけでは見ず、心理的にどう感じているかを見る。これと正反対の説としてあるのが、西郷信綱「神話と昔話」（『神話と国家　古代論集』昭52・6平凡社）が説くイニシヘ連続／ムカシ断絶説で、イニシヘ断絶／ムカシ連続説の立場からは批判しないわけにはいかず、山口佳紀「説話文献の文体史的考察」（『古代日本文体史論考』平5・4有精堂）が説くイニシヘ同質／ムカシ異質説も、同じく、イニシヘ断絶／ムカシ連続説の立場からは批判せねばならない説であった。なぜイニシヘ断絶／ムカシ連続説が是で、なぜイニシヘ連続／ムカシ断絶説やイニシヘ同質／ムカシ異質説が非か、といった点や、イニシへの断絶感・漠然性／ムカシの連続感・明確性、といった点を知るには、前々章を参照されたい。また、同章では、そのムカシの明確性と記録類における「顕著なムカシ偏重」を結び付けて、ムカシに関し、「記録類に向いた語と言える」ことや「ムカシ連続説に帰結する明確性」あるいは「記録に適す特質ゆえのムカシ偏重」を説き、前章では、その延長で『常陸』を論じた。よって、前章も併読されたい。

『紀』におけるイニシヘ／ムカシ使い分けに話を戻せば、前者の「古」「太古」「往古」「上古」「故」「古昔」「昔者」および「往」には、それらを用いるべき理由が認められ**[注1]**、後者の「昔」「昔日」「在昔」「曩者」「往」「昔在」「古代」にも、それらを用いるべき理由が認められる**[注2]**。

『紀』のイニシヘ使用例には、極めて遠く断絶的で漠然とした始原的過去がイニシヘの領分であるとわかる、

古に天地未だ剖れず

古に国稚く地稚かりし時に

という例が、『新編全集』一巻一九・二一頁にあるし**[注3]**、たとえば、同書二巻二四四・二八六・三二三・三九九頁、三巻一二七・一八五頁等にあるような、古今東西の古今あるいは代々に当たる〈イマに連なるイニシヘ〉もある**[注4]**。そして、同書三巻二三七・五〇六～五〇七頁には、次のような、伝「聞」していたり推測していたりする場面で使用される例がある（同書は後者の「蓋し～か」を「思うに～のであろうか」と訳す）、

師を乞ひ救を請すこと、古昔に聞けり。

蓋し昔者は、宮門に到りて朝服を着しか。

漠然性がうかがわれると同時に、伝聞・推測するほどに断絶感ある過去であることもうかがわれる。これらの、始原的過去をさすイニシへ、〈イマに連なるイニシヘ〉、「～古昔に聞けり」「蓋し昔者は～」のイニシヘは（次節では、「～古昔に聞けり」「蓋し昔者は～」のイニシヘを「前時代的過去をさすイニシヘ」と呼ぶ）、みな、断絶感・

漠然性のイニシヘ使用で説明可能と思われる例であり（次節では、三つまとめて「〈隔世のイニシへ〉」と呼ぶ）、次節で、それらを含むイニシへ使用例を広く多く見て、イニシへ断絶説に帰結することや、『紀』にイニシへ断絶説適用が妥当なことを説く。

一方、『紀』のムカシ使用例をとりあげるに際しては、三種に分けて論じる必要がある。

一種目は、経験内の過去に対し使用されるムカシ使用例。前々章で紹介した、経験外／内の過去に対するイニシヘ／ムカシ多用と符合するように、『紀』には、経験外と考えられる過去に対するイニシへ使用例も、経験内と考えられる過去に対するムカシ使用例もある（後者は、連続感・明確性のムカシ使用例と言い換え得る）。

また、前々章で指摘し、前章で振り返った、ムカシ連続説に帰結する明確性あるいは記録に適す特質ゆえのムカシ使用例もあり（注3参照）、これが二種目に当たる。部分的に前述したが、前々章では、

『万葉』の歌ならぬ題詞・左注、『風土記』中の『豊後』『肥前』『播磨』、『霊異記』、といった記録的性格の強い類のものを見ると、顕著なムカシ偏重が認められる。

と指摘した上で、『紀』にもムカシ偏重の傾向が認められることや、明確性あるいは記録に適す特質ゆえのムカシ使用例が『紀』以外に『記』と『風土記』中の『出雲』にもあることを、指摘した（残る『常陸』に関しては前章参照）。ムカシの連続感は明確性と結び付いており（イニシへの断絶感は漠然性と結び付く）、その明確性という特質が記録に適すゆえに、「記録的性格の強い類のもの」に「顕著なムカシ偏重が認められ」、本章で主にとりあげる『紀』では（『紀』が主で『記』は従の関係）、明確性あるいは記録に適す特質ゆえのムカシ使用例が多く、この二種目が全ムカシ使用例の半数を超えて、経験内の過去に対し使用される一種目の倍以上になる（注2でムカシ使用例に含めなかったものは除くほか、地の文中で焦点を当てられる者にとっての経験内の過去に関しては、明確な記録としての客観的記述とって、二種目に含め、話者生存中にあったことあるいはあったかもしれないことを話すムカシ使用例に関しては、話者にとっての経験内の過去を話しているか、それとも、明確な記録とし

て客観的に記述しているかによって、一種目か二種目かを判断する）。とは言っても、「顕著なムカシ偏重が認められ」た『万葉集』題詞・左注や『豊後』『肥前』『播磨』や『霊異記』に比べると、『紀』は、ムカシ偏重の傾向が弱めで、イニシへ使用例が多めである。となれば、ムカシで統一あるいはほぼ統一している前者より、どういうムカシ使用なのか細かく見ることが重要になってくるように思う。従って、三種に分けて見る次第である。

三種目のムカシ使用例は、『新編全集』二巻三三九頁にあり、「後」人にとっての「昔」、という特異なかたちゆえに、その一例のみを三種目とする。「～と～とを以ちて～に給賜（賜）ひ」を三回繰り返し、そこで下「賜」する「屯倉」「田部」「钁丁」を「後に示して、式ちて昔を観しむべし」、と「奏」上する例で、下「賜」するものを「後」世「に示」すことで「昔を」知らしめようとするなら、「後」人に知らしめるべき「昔」は、漠然としていない、明確なものでなければならない。また、「後」人にとってその「昔」が偲び得るものであるとすると、経験外にはなるけれど、断絶感ならぬ連続感があるはずで、これまた、連続感・明確性のムカシ使用例と考えられる。

そうした、経験内の過去に対する連続感・明確性のムカシ、ムカシ連続説に帰結する明確性あるいは記録に適す特質ゆえのムカシ、特異なかたちの連続感・明確性のムカシ、といった三種の例を次々節で広く多く見て、連続感あるいは明確性と結び付くこれらのムカシ連続説への帰結や、『紀』へのムカシ連続説適用の妥当性を説く。そして、『紀』と同様にまだ詳述していない『記』の問題に関しては、最後のⅣ節で触れる**［注5］**。

なお、本章でとりあげる本文は、『岩波文庫』によった『古語拾遺』を除いて、『新編全集』により、『万葉』の歌番号以外は同書の頁数（および巻数）で示し、小字で示される箇所は対象外とした。

注1　たとえば、『万葉集』に出てくる原文「昔者」に関し、『新編全集』が「いにしへ／むかし」どちらで読んでいるかを調べると、三七八・一〇九六番の歌は前者、三一二番の歌や三七八六・三八〇三・三八〇四番の題詞および三八〇八番の左注は後者となる（この点、次章でまたとりあげる）。『紀』の場合、『新編全集』三巻五〇六頁の「昔者」を同書は前者で

読むが、ここは、後述するように、推測している場面での使用であり、断絶感も漠然性もうかがわれるので、断絶感・漠然性のイニシヘ使用でいいと考えられる。また、同書は、三巻二八二頁の「往」を「むかしの」と読む。確かに、同書二巻三七五頁の「往」に関してなら、経験内の過去に対するムカシ使用とわかり（次々節参照）、「むかし」と読むことに頷けるものの、三巻二八二頁の「往」は、〈隔世のイニシヘ〉と言えるから、「いにしへの」と読むべきである（次節参照）。

2 『新編全集』を見ると、一巻一〇三・二二五・三六二頁で「嘗」を「むかし」、二巻五四九頁で「曾」を「むかしより」と読んでいるが、これら四例はムカシ使用例に含めないでおく。たとえば、同書二巻三九三頁では、「曾」「嘗」を、ともに「かつて」と読んでいる。ちなみに、仮に右の四例をムカシ使用例に加えたとしても、私見が揺らがないことは、断っておく（もしムカシ使用例とした場合、「嘗大己貴命〜」と地の文中にある一例目「嘗」は、「地の文中で焦点を当てられる者にとっての経験内の過去に関しては、明確な記録としての客観的記述とと」る、と後述するムカシ使用で説明できるし、「曾より識れる如くにせよ」とある四例目「曾」は、命じられる者にとっての経験している過去に当たって、残る二例も、話者にとっての経験した過去に当たるから、次々節でとりあげる経験内の過去に対するムカシ使用で説明できる）。なお、二例目「嘗」に関する注には、次のようにあって、参考になる。

『新撰字鏡』に「嘗、先也」。過去の経験を表す字（〜したことがあった、の意）。

また、『新編全集』一巻三八三頁、二巻四五一頁、三巻一一一・一三七頁には、「さきに」「さきの」と読む「昔」もある。確かに、こちらのうちの三例目「昔の天皇の所生なり」傍点部は、「むかしの」と読むより、先代の意の「さきの」と読むのが妥当であるし、前年「詔し」たことに関して言う四例目「昔に詔して曰ひしく」傍点部も、二頁前の「前に詔を下して曰ひしく」傍点部と同内容であることから（同書は「前」を「さきに」と読む）、「昔に」＝「前に」ととって、ともに「さきに」と読むのが妥当である。これら二例は、「さきの」「さきに」という同書の読みに従う。残る二例は、「さきに」とも「むかし」とも読めそうではあるけれど、ここは同書の「さきに」という読みに従って、ムカシ使用例ととらないでおく。そして、こちらの二例についても断るなら、仮に「むかし」と読んだところで、右と同じく、「地の文中で焦点を当てられる者にとっての経験内の過去に関しては、明確な記録としての客観的記述とと」る、と後述するムカシ使用で説明し得たり（前者）、話者にとっての経験した過去、すなわち、経験内の過去に対するムカシ使用で説明し得たりするため（後者）、私見が揺らぐことはない。

3

両例は『神代紀』にあり、ともに前々章の注のところでも例示した。そこでは『万葉』の七夕歌や一三・三二九〇番歌も例示し、それらを以て（七夕歌では二〇一九・二〇六四番歌が該当）、極めて遠く断絶的で漠然とした始原的過去がイニシへの領分であることや始原的過去以来という表現が〈イマに連なるイニシへ〉に置換可能なことを説いた。ちなみに、『紀』の例を「中心」に論じる細川純子「ムカシの意味」（「万葉研究」平6・12）は、私が支持するイニシへ断絶説や経験内の過去に対するムカシ多用と「正反対」の立場にあり（ひいては、私が支持するイニシへ断絶／ムカシ連続説とも合わず）、例示する「どの例も始原、起源を語っている箇所にムカシがある」としてから、次のように述べる。

過去を指し示すことばとしてイニシへがあり、神の事績を語りだす際のことばとしてムカシがあったのではないかと考えられる。ムカシのムカは、始原、起源、規範、模範の意味が籠められた聖的、呪的なことばであったのだ。

前述のとおり、「始原」とくればイニシへ使用が基本と思われるから、その逆の細川説には頷けない。そもそも、細川が示すイニシへ一〇＋ムカシ一〇例には、本書では除いた小字で示される箇所や注2で除いた例が含まれる上に、『新編全集』が「むかし」「いにしへのひと」と読まず「さきに」「こじん」と読む例もあり、対象たり得るのは七十六例に減る。そして、それらを見ると、イニシへに関しては、始原的過去をさすイニシへ・〈隔世のイニシへ〉・〈イマに連なるイニシへ〉として説明できるし（次節参照）、ムカシに関しては、ムカシ連続説に帰結する明確性あるいは記録に適す特質ゆえのムカシとして説明できて、なかには、「始原的過去をさす」とは言え、「ムカシを使用するのは、明確な記録として話す場合には明確性のムカシが適すから」と考えられる例も含まれる（次々節参照）。前々章で述べ、前章で振り返った、

ムカシの明確性に注目してムカシが記録類に向いた語であると指摘できるなら、言い換えると、ムカシ連続説に帰結する明確性あるいは記録に適す特質を明らかにできるなら、たとえば、本来ならイニシへを使用すべき「神々の

時代」に対するムカシ使用の理由もわかる

といった見方が、細川論文にほしかったように思う。

4 これらは前々章で例示したもので（二巻三九九頁の例は注のところで示した）、それらを含めた、『紀』に限定しない上代の〈イマに連なるイニシへ〉に関しては、同章を参照されれば、「古今に当たる」あるいは「代々に当たる経験外の〈ずうっと的網羅性〉の強調を確認できる」（同章で巻数・頁数しかあげなかった『紀』の例は二つで、次節で例示する）。

5 『記』では、イニシへが「古」「往古」の二例で、ムカシが「昔」の一例。『新編全集』の一九・三三三頁と二七五頁にあり、「古」以外は前々章で説明済みのため、Ⅳ節では、残る「古」を説明し、イニシへ／ムカシ使用例がいずれも僅少な理由も説明して、〈イマに連なるイニシへ〉以外僅少と前々章で述べた『出雲』や、僅少な点で同様な『古語拾遺』にも、触れる（それらの僅少さの説明に関しても、前々章・前章の注のところで、本章で行なうことを予告してある）。

Ⅱ　イニシへ断絶説を『日本書紀』に適用することの妥当性

前節で予告したとおり、本節では、『紀』のイニシへ使用例を広く多く見て、イニシへ断絶説に帰結すること、および、『紀』へのイニシへ断絶説適用が妥当であることを説く。

『紀』を読みはじめてまず目に入ってくるイニシへは、『神代紀』にある、始原的過去をさすイニシへ使用例である。前節で例示した「古に天地未だ剖れず」「古に国稚く地稚かりし時に」がそうであるが、「天地未だ剖れ」ぬ時や「国稚く地稚かりし時」が経験内の近く連続的で明確な過去であるはずはなく、当然、経験外の遠く断絶的で漠然とした過去であるから、「天地未だ剖れ」ぬ時・「国稚く地稚かりし時」とイコールの関係にある両「古」も、断絶感・漠然性のイニシへということになり、イニシへ断絶説に帰結することにもなる。

ほかに、『紀』では、イニシへヨリといった〈イマに連なるイニシへ〉も目につく。それらは古今あるいは代々に当たる〈イマに連なるイニシへ〉で、経験外の過去に対するイニシへ使用例でもあり、前々章で例示し、前節でも触れた『新編全集』二巻二四四・二八六・三二三・三九九頁、三巻一二七・一八五頁の例や、同章で例示せず巻数・頁数だけあげた一巻三七二頁、二巻四二五頁の次の両例を、示すことができる。

往古より以来、未だ王化に染はず。

古より今に迄るまで、天皇に受けたまはりて強敵を禦けり。

なお、同章では、上代においてイニシへユ・イニシへヨを含めた〈イマに連なるイニシへ〉が多い理由に関し、次のように考えた。もちろん、『紀』の場合も、この私見は成り立ち、イニシへ断絶説に帰結するものと思う。

語感自体が遠く断絶的で漠然としたイニシへを始発点に置けば、終着点イマまでの経験外の〈ずうっと的網羅性〉を強調できる。

←

そして、そうした経験外の〈ずうっと的網羅性〉を強調する文脈は、上代において多い。

←

となれば、それを強調し得る〈イマに連なるイニシへ〉が多いのも頷ける。

同章で、語感自体が遠く断絶的で漠然としたイニシへを始発点に置くと終着点イマまでの経験外の〈ずうっと的網羅性〉を強調可能、といった第一段階は説明できたし、経験外の〈ずうっと的網羅性〉を強調する文脈が上代に多い、といった第二段階も説明できた。その第二段階に関しては、大谷雅夫「柿本人麻呂の恋の歌一首―いにしへにありけむ人も我がごとか―」(「国文学」平8・10)による、

万葉人は、さまざまな場所にそれぞれの神代を想像したのである。そして、その神代の昔から、山川や海岸が美しいので宮に通い、舟を泊てて来て、今もまたそうするのだと歌う。神代からの連続の上に今日のおのれが在るという確認がなされ、そこに心の安らぎが得られているのである。

との指摘、あるいは、『万葉』一三番歌のところでの伊藤博『釈注』による、

> 「古」もかくかくであったから「今」もかくかくであるのだ、のように、「今」あることを「神代」からの由あることとして説くのは、神話や伝説が神話や伝説であるための一つの型であった。

との指摘を援用し、〈イマに連なるイニシへ〉が多い背景の説明もし得て、おのずと、経験外の〈ずうっと的網羅性〉の強調に向く〈イマに連なるイニシへ〉の多さに頷ける、というゴールの第三段階に到達できたのであった。

『紀』で要注目なイニシへはまだあり、前節で例示済みの「師を乞ひ救を請すこと、古昔に聞けり」「蓋し昔者は、宮門に到りて朝服を着しか」は、断絶感・漠然性のイニシへ使用例と見ていい。前者に関し、『新編全集』は、

> 援軍の要請のことは、昔にもあったと聞いている。

と訳すが、この「昔にもあったと聞」く「要請」は、話者＝斉明天皇（在位655-661）にとっての経験内の過去のことではなく、経験外の過去のことと考えられる。「古昔に聞けり」につづいて具体的前例が示されはしないものの、たとえば、『日本歴史大事典』を見ると、彼女の在位期間と重なる「百済滅亡」の前の「泗沘（しひ）時代」には、聖明王（在位523-554）が「動乱のなかで日本との連携を深めるため積極的な対日外交を推進し、軍事援助を求め」た、とあるし（「くだら」の項）、彼が「日本と結んで新羅勢力の排除を図ろうとし、高句麗や新羅との戦いに日本の軍事援助を求めた」、ともある（「せいめいおう」の項）。これを『紀』と照合すれば、『新編全集』二巻四〇九～四一六頁の見出しが「百済、日本へ救援を要請」となっており、五七一年まで在位した欽明天皇の「巻第十九」に当たり、話者＝斉明天皇はもっと後の「巻第二十六」に当たる。前者は、経験外の過去と言うにとどまらず、断絶感ある前時代的過去とまで言えて、ならば、漠然と伝「聞」したはずでもあり、断絶感・漠然性のイニシへ使用で説明できるし、「蓋し～か」と推測する後者に関しても、推測ゆえ漠然性が言える上に、現行とちがって「宮門に到りて朝服を着」ていて、それは推測されることなので、経験外の断絶感ある前時代的過去の制度と思われる**【注6】**。断絶感も言えるため、前者と同じく、断絶感・漠然性のイニシへ使用で説明可能となる（注6

参照、次章でまたとりあげる）。そして、ともにイニシヘ断絶説に帰結することは、言わずもがなである。

これまで見てきた、始原的過去をさすイニシヘも、古今あるいは代々に当たる〈イマに連なるイニシヘ〉も、前時代的過去をさすイニシヘも、まとめてどのようなイニシヘかと言うと、みな、経験外の断絶感ある、もはや漠然とした〈隔世のイニシヘ〉と言い得る。そうした例は、『紀』に多い。以下、未紹介の例を示そう。

①『新編全集』一巻八七頁「太古の遺法」・②二〇九頁「古の遺れる式」・③三二三頁「古の風」・④三四五頁「古も今も達へる則」・⑤四八六頁「上古の遺れる則」、⑥二巻二〇頁「古今の常典」・⑦四四九頁「古の善教」・⑧五四五頁「古の良典」・⑨五四九頁「古の良典」のうち、①②⑤は、〈隔世のイニシヘ〉の「法」「式」「則」がまだ「遺」っているととれるし、④も、〈隔世のイニシヘ〉の「則」が「古も今も達」っているととれる。「遺」るとか「達」うとかあるなら、そうとるのが妥当であろう。ちなみに、②を補足するなら、『新編全集』は、

今し楽府に此の歌を奏ふには、猶し手量の大き小きと、音声の巨き細きとあり。此古の遺れる式なり。

として出てくる「古の遺れる式なり」に関し、

古式が今に残っているのである。

と訳し、次のように注している（注では、「今」を「書紀編纂当時」ととってもいる）。

神武天皇時代から伝わった方式だ、の意。

「今」＝「書紀編纂当時」から見て「古」＝「神武天皇時代」が〈隔世のイニシヘ〉なのは、言うまでもない。また、③は、「古の風と雖も」、「殉」死「を止め」るよう命じる文脈で出てくる。「殉」死に関しては、

記では崇神朝に殉死が始ったと記すが、紀では「古の風」として、古くからの風習としている。

と注する『新編全集』に従い、「紀では」、「古くからの風習」すなわち〈隔世のイニシヘ〉以来の「風」としている、と考える。残る⑥⑦⑧⑨にしても、〈隔世のイニシヘ〉以来の「常典」＝「通則」・「善教」＝「教訓」・「良典」＝「良い教訓」にならおうとしている**【注7】**。『新編全集』は、⑦⑧⑨「善教」「良典」のさす内容がそれぞれ『呉

志』『左伝』『論語』にあると注しており、とすると、まさしく〈隔世のイニシヘ〉以来の「教訓」「良い教訓」ととれる。⑥は、長兄・聖人を末弟・愚者より上位にすべきことを「古今の常典」＝「古今の通則」と言っていて(『新編全集』の訳)、〈隔世のイニシヘ〉以来のいかにも「通則」とされる内容であり、ユ・ヨ・ヨリは付かないけれど、前述の古今に当たる〈イマに連なるイニシヘ〉とも共通していて、まさに〈隔世のイニシヘ〉以来の「通則」ととれる。①〜⑨の「太古」「古」「上古」は、みな、〈隔世のイニシヘ〉と言える。

加えて、⑩『新編全集』二巻三二頁「古の聖王の世には〜」・⑪三五頁「古の聖王は〜」・⑫一〇九頁「上古の治〜」・⑬五四六頁「古の聖王〜」、⑭三巻五五頁「古道に順考へて〜」・⑮一一七頁「上古の聖王の跡に遵ひて〜」・⑯一三五頁「古の天下を治めたまひしこと〜」・⑰一三六頁「故の聖帝明王の〜」のごとき、天皇・皇太子が〈隔世のイニシヘ〉の治世を意識しているように思われる尚古主義的例もある。⑯⑰に関し、同書は、⑯を含む「古の天下を治めたまひしこと、—中略—諫者を来す所以なり」と同様な記述が『漢書』にあることを注しているし、⑯につづいて出てくる「黄帝」「尭」「舜」「禹」「湯」「武王」が⑰「故の聖帝明王」に当たるので、古代中国の治世が意識されていることもわかる。古代中国の治世はまさしく〈隔世のイニシヘ〉の治世で、⑩も、『文選』や『魏志』の注等との共通性を指摘する『新編全集』の注に従えば、やはり、古代中国の治世を意識する尚古主義的例と考えられ、残る⑪〜⑮も、古きに学ぼうとするそうした尚古主義的例ととれる。①〜⑨の「太古」「古」「上古」につづき、⑩〜⑰の「古」「上古」「故」も、みな、〈隔世のイニシヘ〉と見ていい。

さらに付言するなら、『新編全集』三巻二八二頁にある「往哲」の「往」は、同書のように「むかしの」と読むのではなく、『日本古典全書』のように「いにしへの」と読むべきである(『時代別国語大辞典　上代編』の「いにしへ」の項は、『名義抄』をあげ、「往」の字も用いることを示す)。「往」を「いにしへの」と読めれば(『新編全集』は「哲」を「さかしひと」と読む)、〈隔世のイニシヘ〉使用例に含め得るはずで、そう思うのは、

竊に往哲の善言に比へむ。

とある「往哲」の類例が、『万葉』三三九・三四〇番歌に次のように出てくるからである（次章でまたとりあげる）。

酒の名を聖と負せし古の大き聖の言の宜しさ

古の七の賢しき人たちも欲りせしものは酒にしあるらし

とあるうちの「古の大き聖」「古の七の賢しき人たち」は、『新編全集』の注によると、前者は『魏志』にある故事によっており、後者は竹林の七賢人をさしている。となれば、彼らの時代は〈隔世のイニシへ〉にほかならず、ひいては、類例たる「往哲」の時代も同様と考えねばならない。そもそも、「窃に往哲の善言に比へむ」とあるなら、右の「哲」は、前述した同じ『紀』における「古の聖王」「上古の聖王」「故の聖帝明王」のように、身近な存在ではなく、歴史上の輝く存在と思われる。この「哲」の時代である「往」も、〈隔世のイニシへ〉と見ていい。また、前々章で「漠然とした断絶的過去に対し推量するため、イニシへ―ケムになる」例に含めた『万葉』一七二五番歌「古の賢しき人の遊びけむ」の「古」も、〈隔世のイニシへ〉として類例に加えられる。

そして、〈隔世のイニシへ〉ということなら、『新編全集』三巻一四九頁の両「古」も該当すると考え得る。

朕聞けらく、西土の君、其の民を戒めて曰へらく

とあってから、「西土の君」が葬制に関し命じるなかに、「古の葬」「古の塗車・蒭霊」が次のように出てくる。

古の葬、高きに因りて墓とす。封かず樹ゑず。棺槨は以ちて骨を朽すに足り、衣衿は以ちて宍を朽すに足るのみ。故、吾此の丘墟の、不食の地に営り、代を易へむ後に、其の所を知らざらしめむことを欲す。金・銀・銅・鉄を蔵むること無れ。一に瓦器を以ちて、古の塗車・蒭霊の義に合へ。

「西土の君」は、葬制の簡素化を命じていて、「高きに因りて墓と」して「封かず樹ゑ」なかった「古の葬」にならい、「丘墟の、不食の地に営り、代を易へむ後に、其の所を知らざらしめむことを欲」している（同書は、「高きに因りて墓とす。封かず樹ゑず」を「丘陵を墓とした。土は盛らず木も植えなかった」、「丘墟の、不食の地に営り、代を易へむ後に、其の所を知らざらしめむことを欲す」を「丘であって開墾不能な地に墓地を営み、世が

代った後にはその地が不明になることを望む」と訳している）。「古の葬」とは、「西土の君」の時代に慣習化していた葬制より前の、〈隔世のイニシヘ〉における「葬」と思われる。ちなみに、同書の見出しには「薄葬令と旧俗の廃止」とあり、〈隔世のイニシヘ〉における「葬」は「旧俗」と換言可能である。また、「一に瓦器を以ちて、古の塗車・蒭霊の義に合へ」に関し、同書は、

もっぱら瓦のもので、昔の泥で作った車や草を束ねて作った人形の代りとせよ。

と訳す。「古の塗車・蒭霊」も、「古の葬」同様、「西土の君、其の民を戒めて曰へらく」からつづいており、字も「古」で変わらない。「古の葬」を〈隔世のイニシヘ〉の「葬」ととれれば、「古の塗車・蒭霊」も〈隔世のイニシヘ〉の「塗車・蒭霊」ととれて**【注8】**、ここでの両「古」も、〈隔世のイニシヘ〉ということになる。

最後に、もう一例。『新編全集』三巻四八九頁の次の「古」も、〈隔世のイニシヘ〉と考えられる。

直広肆当麻真人智徳、皇祖等の騰極の次第を奉誄る。礼なり。古には日嗣と云ふなり。

同書は「古には日嗣と云ふなり」を「持統紀編者の注」と注していて、とすると、その「編者」の時代にはもう「日嗣と云」っていないことになる。どのような語であれ、それまで「云」われていた語が廃れるまでの時間は、短いとは思われず、そうした時間を経ての「注」で用いられる「古」なら、〈隔世のイニシヘ〉に該当する。

以上、始原的過去をさすイニシヘ、古今あるいは代々に当たる〈イマに連なるイニシヘ〉、前時代的過去をさすイニシヘからはじまり、①〜⑨の「太古」「古」「上古」、⑩〜⑰の「古」「上古」「故」、つづいて付言した「往」・両「古」・「古」まで、『紀』のイニシヘ使用例を広く多く見てきてわかったのは、それらが経験外の断絶感ある、もはや漠然としている〈隔世のイニシヘ〉と言える例ばかりということであった。そして、そうした経験外の遠く断絶的で漠然とした〈隔世のイニシヘ〉から導き出されるのは、イニシヘ断絶説への帰結にほかならず、『紀』にはイニシヘ断絶説適用が妥当との結論に至ったのであった。

注6 ここで思い出されるのは、前々章で述べ、前章で振り返ったイニシへ—ケムの親和性である。ケムはないものの、「漠然とした断絶的過去に対し推量するため、イニシへ—ケムになる」ケースと似ている。

7 「通則」「教訓」「良い教訓」は、各々「常典」「善教」「良典」に関する『新編全集』の訳。

8 同書の注によれば、「古の葬」を含む箇所は『魏志』武帝紀、「古の塗車・蒭霊」を含む箇所は同書文帝紀によっている。典拠は同じ『魏志』でも、厳密には、武帝の時代から見た「古」か文帝の時代から見た「古」かが異なるが、武帝の長子が文帝なので、両帝の時代に大した差はなく、ほぼ同時代から見ての「古の葬」「古の塗車・蒭霊」と考えられる。

Ⅲ 『日本書紀』にムカシ連続説を適用することの妥当性

『紀』のイニシへ使用例を広く多く見て、イニシへ断絶説に帰結すること、および、『紀』へのイニシへ断絶説適用が妥当であることを説いた前節につづき、本節では、『紀』のムカシ使用例を広く多く見て、ムカシ連続説に帰結すること、および、『紀』へのムカシ連続説適用が妥当であることを説く。前々節で予告したとおりであるが、やはり同節で述べたように、三種に分けて論じていく。

まず一種目としてとりあげるムカシ使用例は、経験内の過去に対するものである。前節で見た、経験外の断絶的で漠然とした〈隔世のイニシへ〉と言い得るイニシへ使用例が、断絶感・漠然性のイニシへ使用で説明できたのに対し、こちらは、連続感・明確性のムカシ使用で説明できる。そして、前々節で述べたとおり、『紀』には、経験外／内の過去に対するイニシへ／ムカシ多用と符合する、経験外の過去に対するイニシへ使用例も、経験内の過去に対するムカシ使用例もあって、後者がこの一種目に当たり、『新編全集』では、一巻一一三・一二五・一五一頁、二巻一六五・三一一（三行目の方）・三七三（一五行目の方）・三七五・三七七・三八五・四一七・四一九頁にある。右のうち、二巻三八五・四一七頁の両「昔」に関しては、前々章で、次のように紹介した。

「百済」＝「吾」が、「河内直」＝「汝」の「悪」評ばかり「聞」いている、と述べ、「天皇」＝「朕」が、献上された「法」に関し「未だ曾て是の如く」すばらしい「法を聞」いたことがない、と述べている。

これらは、経験内の〈ずっと的広範性〉を示す、〈イマに連なるムカシ〉の数少ない例である（「経験内の〈ずっと的広範性〉を示す」と前節の「経験外の〈ずうっと的網羅性〉を強調する」のちがいを言えば、「ずっと的」は「ずうっと的」より、「広範性」は「網羅性」より狭い範囲をさす表現として使い、それに応じて「示す／強調する」も使い分けている）。また、一巻一五一頁の「昔」に関しても、やはり前々章で、次のように紹介済みである。

> ユ・ヨ・ヨリこそ付かないものの、「今に至る」によって、〈イマに連なるムカシ〉に類すると見なし得る。
> そして、「高皇産霊尊」が話す「昔―中略―、今に至るも」も、ムカシを使用して経験内の〈ずっと的広範性〉を示している

右の三例以外の残る一巻一一三・一二五頁、二巻一六五・三一一（三行目の方）・三七三（一五行目の方）・三七五・三七七・四一九頁の「昔」「往」「往日」「昔日」にしても、「高皇産霊尊」＝「我」・「天神」＝「我」、「加須利君」＝「我」・「磐井」＝「吾」＝「余」・「百済」＝「我」＝「言」＝「寡人」＝「余」・「聖明王」・「物部大連尾輿・中臣連鎌子」＝「臣」にとっての経験した過去をさしていて**【注9】**、経験内の過去に対するムカシ使用と言える（これら全例は、みな、話し言葉中にあり、話者にとっての経験内の過去ということになる）。経験外なら断絶感・漠然性、経験内なら連続感・明確性と結び付くのが普通なので、これら一種目の例は、断絶感・漠然性ならぬ連続感・明確性のムカシ使用と見ていい。

次の二種目は、記録類に分類し得る『紀』における、ムカシ連続説に帰結する明確性あるいは記録に適す特質ゆえのムカシ使用例。前々節で述べたとおり、全ムカシ使用例の半数を超え、一種目の倍以上になる。地の文中の例も話し言葉中の例も分けずに示すと、(1)『新編全集』一巻九八頁「昔素戔嗚尊の許に在り、今し尾張国に在り」・(2)一九三頁「昔我が天神、高皇産霊尊・大日孁尊～」・(3)二二四頁「昔孔舎衛の戦に、五瀬命矢に中りて薨

りましき」・(4)二三六頁「昔伊奘諾尊、此の国を目けて曰はく～」・(5)二七一頁「昔、我が皇祖大きに鴻基を啓きたまひ～」・(6)三三一頁「昔、丹波国の桑田村に人有り」・(7)三三五頁「昔、一の人有り」・(8)三六三頁「昔、筑紫の俗～」、(9)二巻五四頁「昔、一人有り～」・(10)一〇九頁「昔日の罪を数めて、殺さむと欲す」・(11)三一一～三一二頁「在昔、道臣より爰に室屋に及るまでに～」【注10】・(12)三六二～三六三頁「曩者、男大迹天皇の六年に～」・(13)三六九頁「昔我が先祖速古王・貴首王の世に、安羅・加羅・卓淳の早岐等～」・(14)三七一頁「昔新羅、援を高麗に請ひて～」・(15)三七三頁「昔我が先祖速古王・貴首王と故旱岐等と、始めて和親を約び～」・(16)三九二頁「曩者、印支弥と阿鹵旱岐と在りし時に～」・(17)四三七頁「昔在、天皇大泊瀬の世に～」・(18)五五五頁「曩者、我が皇祖の天皇等～」、(19)三巻一二九頁「昔在の天皇等の立てたまへる子代の民・処々の屯倉、及別に臣・連・伴造・国造・村首の所有てる部曲の民・処々の田荘を罷めよ」・(20)一四七頁「昔在の天皇等の世には、天下を混し斉めて治めたまふ」・(21)(22)一四七頁「昔在の天皇の日に置ける子代入部、皇子等の私有てる御名入部、皇祖大兄の御名入部と其の屯倉、猶し古代の如くして置かむや不や」・(23)一八一頁「昔、高麗～」・(24)一八五頁「曩者、西土の君～」・(25)四九三～四九四頁「在昔、難波宮治天下天皇の崩りましし時に、巨勢稲持等を遣して、喪を告げし日に～」となる。

右のうち、話し言葉中で用いられる(2)(5)(9)(11)～(25)「昔」「在昔」「曩者」「昔在」「古代」を除く、地の文中のムカシ使用例に関しては、記録類の地の文中にあるため、明確性あるいは記録に適す特質ゆえのムカシ使用で説明できるように思う。なお、前々節で「地の文中で焦点を当てられる者にとっての経験内の過去に関しては、明確な記録としての客観的記述ととって、二種目に含め」ると述べたとおり、(3)(10)は、地の文中で焦点が当たっている「天皇」「皇后」にとっての、経験内の過去に対するムカシ使用例ではあるけれど、明確な記録としての客観的記述と考え、一種目でなく二種目に含め、同様に、「話者生存中にあったことあるいはあったかもしれないことを話すムカシ使用例に関しては、話者にとっての経験内の過去を話しているか、それとも、明確な記録として客観的に記述しているかによって、一種目か二種目かを判断する」と述べたとおり、話者生存中にあったことあるいはあったかもしれないことを話すムカシ使用例に関しても、明確な記録としての客観的記述と考えられるものは、二種目に含めた。その話し言葉中の(2)(5)(9)(11)〜(25)のムカシ使用例に関しては、同じく話し言葉中のムカシ使用例である一種目とのちがいを順に説明していくと、これらのうち、神武「天皇」が「昔我が天神、高皇産霊尊・大日孁尊〜」と話す(2)は始原的過去をさしているし、「皇祖」「道臣」「先祖」「皇祖」といった「祖」にかかわる(5)(11)(13)(15)(18)もそれに類し、みな、はるか遠い経験外の過去に対するムカシ使用である。もちろん、そうした遠く断絶的で漠然とした過去に対してなのに、イニシへならぬムカシを使用するのは、明確な記録として話す場合には明確性のムカシが適すからにほかならない。また、(19)〜(21)「昔在の天皇」の「昔在」（および(21)「昔在」と同一視できる(22)「古代」）も、明らかに前時代をさしており、やはり、明確性あるいは記録に適す特質ゆえのムカシ使用で説明可能となる。となれば、二種目の話し言葉中のムカシ使用例で残るのは、(9)(12)(14)(16)(17)(23)〜(25)となる。これらのうち、「〜年に」「〜時に」「〜世に」を含む(12)(16)(17)には、みな、具体的な時代提示があり、かつ、つづいて当時の朝鮮半島状勢が話される。漠然性のイニシへ／明確性のムカシのいずれを使用すべきかと言えば、記録として話しているところなので、後者なのは言わずもがなである。さらに、当時の朝鮮半島状勢を話していて記録的＝明確という点では、(14)も該当し、次々章でまたとりあげる(23)(24)は、一般的には信じ難い瑞獣・瑞鳥の出現を明確に信じて吉兆と断じているため、明確性が認められる。右の(12)(14)(16)(17)(23)(24)は、明確性あるいは記録に適す特質ゆえのムカシ使用で説明し得る。とすると、残るのは、(9)(25)だけになる。前者は、「俗の曰へらく」とあってから、「昔、一人有り〜」とつづき、「猟人」が「牡鹿を射て殺し」たことが話されるが、その前の場面では、「鹿の声を聞きて慰」められていた「天皇」が、「鳴か」なくなった理「由」を捕「獲」の結果によるものと理解している。後にくる「昔、一人有り〜」は、その裏付け的役割を担っており、裏付けの話しはじめなら、こちらも、漠然性のイニシへより明確性のムカシがふさわしい。「〜時に〜日に」とある後者は、(12)(16)(17)同様、具体的時代提示があるのに加え、

翳飡金春秋、奉勅りき。而るを蘇判を用ちて奉勅ると言すは、即ち前の事に違へり。

とつづく。「翳飡金春秋、奉勅りき」を明確な論拠として「前の事に違へり」と断じていれば、これまた、漠然性のイニシへ使用より明確性のムカシ使用がふさわしいと考えられる。ここまで見てきて言えるのは、二種目の全例は、ムカシ連続説に帰結する明確性あるいは記録に適す特質ゆえのムカシ使用で説明可能、ということである。

最後は、三種目の、特異なかたちの連続感・明確性のムカシ使用例を見る。前々節で紹介したとおり、「後」人にとっての「昔」、という特異性から、その一例のみ三種目とする。「～と～とを以ちて～に給睍（賜）ひ」を三回繰り返して、そこで下「賜」する「屯倉」「田部」「钁丁」を「後に示して、式ちて昔を観しむべし」、と「奏」上する例である。下「賜」するものを「後」世「に示」すことで「昔を」知らしめようとする場合、「後」人に知らしめるべき「昔」は、漠然としていていいはずはなく、明確でなければならない。もし漠然としていたら、知らしめる目的に合わない。加えて、「後」人にとって経験外の過去になろうと、彼らにとってのイマから連続的に遡って偲び得るものであれば、連続感のムカシ使用ともとらねばならない。三種目の一例も、連続感・明確性のムカシ使用として説明することができるわけである。なお、三種目に関するそうした私見は、『古語拾遺』にある次のイニシへ使用例との比較によって（『岩波文庫』五五頁）、補足できる。

　若し此の造式の年に当りて、彼の望秩の礼を制めずは、竊に恐るらくは、後の今を見むこと、今の古を見る猶くならむ。

「造式の年に当」たる「今」きっちり「望秩の礼を制め」ておかねば、「後」人から見て、断絶的で漠然としている「古を見る猶」きものになろう、という内容のように思う。これを、連続的で明確なムカシを「後」人に知らしめようとする三種目と並べて見ると、「後」人にとっての過去が断絶的で漠然としているならイニシへ／連続的で明確ならムカシ使用、といった、表裏をなす使い分けが見えてきて、三種目に関する私見をまさに補足し得る。

以上見てきた、経験内の過去に対する連続感・明確性のムカシ、ムカシ連続説に帰結する明確性あるいは記録に適す特質ゆえのムカシ、特異なかたちの連続感・明確性のムカシ、という三種の例は、みな、連続感あるいは明確性のムカシ使用で説明できたから、ムカシ連続説に帰結し、『紀』にはムカシ連続説適用が妥当との結論に至った。イニシヘ断絶説適用が妥当とした前節につづき、本節では、右のように結論づけられたのである。

注9 二巻三七三（一五行目の方）・三七五頁の両例はひとつづきの話し言葉中にあり、ともに「百済」＝「我」＝「言」＝「寡人」＝「余」にとっての経験した過去をさしている。

10 「在昔」は、同書が「大伴氏の遠祖日臣命」と注する「道臣」の時代「より」、同書が「大伴金村の祖父」と注する「室屋」の時代「に及るまで」をさす。「室屋」の時代は「爰」と言われるが、「祖父」なら「在昔」に含まれるととれる。

Ⅳ　結び（『古事記』にも触れて）

総論的な前々章にはじまり、同章で詳述していない『常陸』『紀』に関し、前章以降、論じてきた。それら「上代におけるイニシヘ／ムカシの使い分け」シリーズで上代の全例を悉く網羅し尽くせたわけではないものの、十分すぎる例を網羅的に見ることはできた。そして、上代においては、イニシヘ連続／ムカシ断絶説でも、イニシヘ同質／ムカシ異質説でもなく、イニシヘ断絶／ムカシ連続説適用が妥当、という結論を導き出せたのであった。ただし、Ⅰ節で予告したとおり、それでもまだ詳述できていない『記』の問題は、本節で触れることになっていた。注5では、『記』におけるイニシヘ使用の二例／ムカシ使用の一例、すなわち、「古」「往古」／「昔」のうちの「古」以外は前々章で説明済みで、「古」が唯一説明できていないことを述べ、本節で、その説明をし、なぜイニシヘ／ムカシ使用例がいずれも僅少なのかの説明もする旨予告していた。また、〈イマに連なるイニシヘ〉以外僅少と前々章で述べた『出雲』や僅少な点で同様な『古語拾遺』をとりあげ**［注11］**、僅少さの説明をすることも、併せて予告した（両者におけるイニシヘ／ムカシ使用に関しては、前々章およびその注のところで説明済み）。

まず、『記』の「古」は(注5で書いたとおり、『新編全集』一九頁)、

古を稽へて風猷を既に頽へたるに縄したまひ、今を照して典教を絶えむと欲るに補ひたまはずといふこと莫し。

とあり、この「鑑みて風教道徳のすでに崩れてしまったのを正しくし、今を照らして道と教えとの絶えようとするのを補」う先例としての「古」は(「鑑みて〜」は同書の訳)、前々節で見た「太古の遺法」「古の遺れる式」「古の風」「古も今も達へる則」「上古の遺れる則」「古今の常典」「古の善教」「古の良典」の「太古」「古」「上古」と同様な〈隔世のイニシへ〉と言えて、これも、イニシへ断絶説に帰結する。前々章で説明済みの「往古」「昔」がそれぞれ〈イマに連なるイニシへ〉と明確性あるいは記録に適す特質ゆえのムカシに当たることも考え併せると、『記』においても、イニシへ断絶/ムカシ連続説適用が妥当となる。総じて、上代では、そういうことになる。

つづいては、『記』および『古語拾遺』においてイニシへ/ムカシ使用例がいずれも僅少なのはなぜか、という問題に移る。また、『出雲』に関しては、他の『風土記』に比べ〈イマに連なるイニシへ〉使用の割合が高い理由を前々章で論じたが、〈イマに連なるイニシへ〉以外のイニシへ/ムカシ使用例が『記』『古語拾遺』と同じく僅少である独自性は、いかなる理由によるのか。『記』『古語拾遺』『出雲』をまとめて論じたい。思うに、ムカシ偏重が基本の記録類でも、ムカシを使用したりしなかったりは各々の文体や癖によって異なり、〈ムカシ使用/非使用の自由〉がある、と予想される。たとえば、イニシへを使用せずムカシばかり使用する『豊後』『肥前』を(前者一七・後者二六例)、『新編全集』の段落分けに従って読むと、過去の話を記述する段落の時代提示にはムカシ使用が基本ではあるけれど、過去の話を記述するのにムカシを使用しない段落もあり、たとえば、三〇三頁の「鹿」に関する『豊後』の段落や、三一二〜三一三頁の景行「天皇」に関する『肥前』の段落が、該当する(〈ムカシ非使用の自由〉)。ちなみに、次段落も同じ人物に関する段落の場合、繰り返しを避けてムカシを使用しないのが基本のようではあるものの、特例的に『肥前』の三三三頁一六行目や三三五頁七行目はムカシ使用で、その基本と

て守られない（〈ムカシ使用の自由〉）。つまり、最もムカシ偏重の『豊後』『肥前』にも、〈ムカシ使用／非使用の自由〉はあるのである。そして、ムカシ偏重とは言え、イニシへ一例を有する点で『豊後』『肥前』に次ぐ『播磨』では（ムカシ三一例）、『豊後』『肥前』に比べ、過去の話の記述なのにムカシ非使用の段落が格段に多く（イニシヘ使用の段落、前段落と同じ人物関連の話の段落、過去と言いきれない、今につながる話の段落は、対象外）、ムカシ使用の段落の約四倍ある。どうとるか迷う段落もあるが、多いのは確かで、〈ムカシ非使用の自由〉度の高さが『豊後』『肥前』より一層わかる。加えて、〈ムカシ非使用の自由〉度の高さを認め得るなら、当然、〈イニシヘ非使用の自由〉度の高さも認め得るはずで、〈イニシヘ非使用の自由〉度の高さと〈ムカシ非使用の自由〉度の高さを端的に認め得るのが、イニシヘ／ムカシ使用例の僅少な『記』『古語拾遺』『出雲』と考えられるわけである。

では、先送りしてきた問題を説明し終えたところで、「上代におけるイニシヘ／ムカシの使い分け」シリーズの最後に、私がより反応を引き出しやすくするためにしてきた打開策に関し、付言しておく。私は、先行研究に対する批判をしっかり行なった上で、叩き台となるに十分な強度と平明さを有する新見を示し、かつ、微量で見落とされないよう、薄いながらも一書にまとめて刊行し得るところまできた、とは思っている。しかし、一方で、こうも思う。すなわち、一書にまとめて刊行することも打開策の一つではあるが、それに対する反応はあるか、あるいは、学界には、自説にとって都合の悪そうな例や説に対し、避けることなく真正面からとり組んだ上で論を展開する健全な土壌があるか、と。他分野において、学界に散見される不健全な土壌には警鐘を鳴らさねば、と感じてきた私は**［注12］**、一書にまとめての刊行は言うまでもなく、より反応を引き出しやすくするための打開策を種々模索しつづけてきた。全国的学会・地方的研究会での研究発表はもちろん、ネット上で動画講義を公開したり、入門書を刊行したり。『伊勢』に関しては、まず、全国的学会である中古文学会および地方的研究会である名古屋平安文学研究会で何度も研究発表したし、『伊勢』の場合も、赤人歌の場合も、注12の専門書『相補論』『万葉赤人歌』刊行後には、ネット上で「伊勢物語全段動画講義」「山部赤人動画講義」を視聴できるようにした。

『伊勢』の方は、入門書として、『伊勢物語入門　ミヤビとイロゴノミの昔男一代記』平16・6鼎書房や『読めて書ける伊勢物語　四十五首の恋心』平20・3日本習字普及協会を書いた（詳しくは「愛知教育大学田口研究室」参照）。今回も、自説の周知とそれに関する議論の機会を得るべく、本書の刊行に加え、打開策を三つ講じた。一つ目は、健全な議論がはじまることを望み、混乱の収束に向けて行なった、全国的学会・地方的研究会における研究発表である。ただし、上代文学をあつかう某学会には、次のような要旨で申し込んだにもかかわらず、断られた。前々章の初出論文「上代におけるイニシヘ／ムカシの使い分け—イニシヘ断絶／ムカシ連続説の妥当性および『伊勢物語』への流れ—」（「国語国文学報」平27・3）を出す前のことである。

上代におけるイニシヘ／ムカシの使い分けをめぐっては、イニシヘは経験外の遠い過去に多用し、ムカシは経験内の近い過去に多用する、といった傾向が認められている感がある。しかし、とは言っても、イマと断絶的なのがイニシヘ、連続的なのがムカシ、と定説化しているわけではない。辞書を見ると、イニシヘ断絶／ムカシ連続説もあれば、イニシヘ連続／ムカシ断絶説もある。『万葉集』の注釈書を見ると、たとえば、一三番歌のところで伊藤博氏が示す見解は、『全注』でイニシヘ断絶／ムカシ連続説であったのが、『釈注』でイニシヘ連続／ムカシ断絶説に反転する。

本発表は、こうした混乱を看過できないとの考えから、イニシヘ連続／ムカシ断絶説あるいはイニシヘ同質／ムカシ異質説の論拠に目配りしつつ、イニシヘ断絶／ムカシ連続説が妥当ではないかと述べるものである。

具体的には、『万葉集』三一・三〇九番歌等からムカシ断絶説、一三番歌等からイニシヘ連続説を説くべきでないことを論じ、イニシヘ断絶／ムカシ連続説に帰結すると結論づける。その際、旧都の都時代や故人生前の時代にイニシヘを使用する例もあげ、〈絶対的には近く連続的であるものの心理的には遠く断絶的なイニシヘ〉および〈絶対的には遠く断絶的であるものの心理的には近く連続的なムカシ〉といった例の存在も示す。イニシへ／ムカシの使い分けに関しては、漠然／明確性という切り口からも論及する。そして、ユ・ヨ・ヨリ等が付く四〇九四番歌等の〈イマに連なるイニシへ〉および『紀』の〈イマに連なるムカシ〉をとりあげ、前者が経験外の〈ずうっと的網羅性〉を強調し、後者が経験内の〈ずっと的広範性〉を示していることを明らかにする。また、両者の多寡の理由も考察し、イニシへ連続説あるいはイニシへ同質説に結び付けるべきでないと説く。

最後に、ムカシの明確性を敷衍して、ムカシが記録類に向いた語であることも指摘する。

混乱していることも、収束に向かわせ得る可能性も、明示してある。それでも混乱収束に向け議論をはじめようとしないのは理解できないが、私は、同学会での研究発表を断られても、範囲を『伊勢』にまで広げ、平26・12の名古屋平安文学研究会で研究発表したり、範囲を『古今集』『後撰集』『伊勢』『竹取物語』『土佐日記』にまでさらに広げ、平30・10の中古文学会で研究発表したりして、自説の周知とそれに関する議論の機会を得ようとつとめた（次々章参照）。けれども、それでも、即効性のある十分な打開策ではなかった。少人数の地方的研究会はクローズドすぎ、全国的学会の質疑応答は短時間すぎる。加えて、こうした会は、論理的に議論し合う場であるべきなのに、なかには、感想を述べる程度の場ととらえている者もいるように思う。議論に対するそうした意識の低さが、正反対の二説が並存したまま混乱が収束に向かわない原因になっている、と考えずにはいられない。ともかく、私がより反応を引き出しやすくすべく研究発表しようとしたり、研究発表したりしたことは、断っておく。

二つ目は、ネット上での動画講義の公開である。混乱が生じていることやイニシへ連続説ならぬイニシへ断絶説でなければならない必然性を説明した動画講義が、視聴できるようになっている。「山部赤人動画講義」や「愛知教育大学田口研究室」からリンクしてある、「夢ナビライブ　大学研究&学問発見のための国公私立大合同進学ガイダンス」の21分の動画講義「山部赤人はなぜ歌聖か」の2分10秒～12分6秒のところを、参照されたい。私と正反対の立場にある提唱者の知名度や、前々章で見たイニシへ連続／ムカシ断絶説の学界における勢いから、同説を私見に無反応なまま鵜呑みにする研究者が今後もいつづけそうな予感はするものの、是々非々での議論がはじまる可能性を僅かでも残すべく、できる限り私見を埋もれさせないようにしておきたく思い、論文より手軽に私見を知り得る動画講義にとり組んだ次第である。ただし、前述の「伊勢物語全段動画講義」「山部赤人動画講義」が奏功しているとは考え難いのも事実であり、これまた、即効性のある十分な打開策とは言えない。打開策としてとり組んだ動画講義があることのみ、断っておく。

要するに、右の二つの打開策は、即効性がなく不十分であったと考えられる。おそらく、一つ目の中古文学会での研究発表原稿をもとに次々章「イニシへ断絶／ムカシ連続説でわかること—上代から中古の『土佐日記』『古今集』『後撰集』『伊勢物語』『竹取物語』への流れ—」を書き、その前に次章「イニシへ断絶／ムカシ連続説でわかること—『日本書紀』『万葉集』『常陸国風土記』『伊勢物語』を例にして—」を置いて、本章までの「上代におけるイニシへ／ムカシの使い分け」シリーズ＝前シリーズを振り返って補足したり、新たな例示で補足したりする「イニシへ断絶／ムカシ連続説でわかること」シリーズ＝新シリーズを加えたところで（初出論文は「あとがき（および初出一覧）」参照）、すなわち、三つ目の打開策を講じたところで、やはり、即効性はなく不十分と予想される。とは言え、厳しい現状を思うと、自説の周知とそれに関する議論の機会を得るための行動は僅かでもしておきたいし、そもそも、学問の最終目標は真偽の考究であって、反応を得ることは二の次のはずである。本章までの前シリーズを補足して私見が一層揺るぎないものになるなら、次章からの新シリーズを加えるのは当然である。即効性のある十分な打開策ではなくても、私見の強度を高められれば、加える価値はあるはずである。

次章・次々章では「イニシへ断絶／ムカシ連続説で」何が「わかる」か詳述し、議論がはじまることを望みつつ、いつかイニシへ断絶／ムカシ連続説に結着させられるよう、きっちり補足しておきたい。また、両シリーズから成る本書の刊行を以て、不健全な土壌の学界に対し僅かでも軌道修正させる一助となれるなら、幸甚である。

注

11　『記』のイニシへ／ムカシ使用例が『新編全集』のどこにあるかは注5で知ることができるが、『出雲』のイニシへ／ムカシ使用例が『新編全集』のどこにあるか、あるいは、『古語拾遺』のイニシへ／ムカシ使用例が『岩波新書』のどこにあるかを、ここに記しておく。前者に関しては、イニシへ使用例が一四九・一九三・二〇九・二一三・二二八・二六一頁に六つあり、〈イマに連なるイニシへ〉でないのは二六一頁の一例のみで、ムカシ使用例が二六三頁に一つ。後者に関しては、イニシへ使用例が一三・五五頁に二つ、ムカシ使用例が五三頁に一つである。ともに僅少と言える。

12　たとえば、『伊勢』に関する拙著『伊勢物語相補論』平15・9おうふう刊行後に書いた『伊勢物語』を統一体と見て一二三段を中心につなぎ読む―成立論的読みでなく相補論的読みを適用することの妥当性―」（「朱」平29・3）では、

強度不足とも些末的とも思われない拙著・拙稿をとりあげない無反応ぶりには疑問をおぼえる

と述べた上で、次のようにも述べた（引用文中の拙稿は、本章のもとになった初出論文）。

学界は、先行研究に対するがっぷり四つに組んでの批判を怠り、かつ、学問の基本である批判という行為に正当な評価をしてこなかったのではないか。

とは、『伊勢』とはまた別の、上代におけるイニシへ／ムカシの使い分けに関する拙稿「上代におけるイニシへ／ムカシの使い分け（続々）―『日本書紀』にイニシへ断絶／ムカシ連続説を適用することの妥当性―」（「国語国文学報」平28・3）で述べたことであるが、学界に散見されるこうした不健全な土壌には、毅然として警鐘を鳴らさねばなるまい。加えて言えば、拙著『万葉赤人歌の表現方法　批判力と発想力で拓く国文学』平22・3鼎書房二〇六～二〇七・二一一～二一二頁でも学界批判を行なっているので、こちらも併読されたい。

『伊勢』や赤人歌を研究していた頃も、私見を含む先行研究への批判がしっかり行なわれていない点や批判の重要性が理解されていない点に警鐘を鳴らすべきことを感じていたが、今回もそれは変わらない。また、前々章では、「本書がきっかけとなって議論がはじまることを望」んだのにつづき、「私見と同じイニシへ断絶／ムカシ連続説の立場であっても、私見をしっかり踏まえ、それを乗り越えるかたちで、論を展開してもらいたい」旨述べた。念押しの意味で記す。

第四章　イニシへ断絶／ムカシ連続説でわかること

―『日本書紀』『万葉集』『常陸国風土記』『伊勢物語』を例にして―

Ⅰ　序

本書は、まず、総論的な第一章「上代におけるイニシへ／ムカシの使い分け―イニシへ断絶／ムカシ連続説の妥当性および『伊勢物語』への流れ―」があり、つづいて、同章で詳述していない例を論じた前々章「上代におけるイニシへ／ムカシの使い分け（続）―『常陸国風土記』にイニシへ断絶／ムカシ連続説を適用することの妥当性―」と前章「上代におけるイニシへ／ムカシの使い分け（続々）―『日本書紀』にイニシへ断絶／ムカシ連続説を適用することの妥当性（『古事記』にも触れて）―」がある。それら「上代におけるイニシへ／ムカシの使い分け」シリーズでは、上代におけるイニシへ／ムカシの使い分けがどのようなものかを論じてきたが、遠く断絶的な過去あるいは漠然とした過去に対してはイニシへ使用、近く連続的な過去あるいは明確な過去に対してはムカシ使用になる**［注１］**、との結論に至っていて、イニシへ断絶／ムカシ連続説に関し、上代における妥当性が認められたり、『常陸』『紀』（および『記』）に適用することの妥当性が認められたりしている。また、イニシへ断絶／ムカシ連続説と正反対のイニシへ連続／ムカシ断絶説には従えない、との結論にも至っている。

そして、前章では、『上代におけるイニシへ／ムカシの使い分け』シリーズ＝前シリーズを振り返って補足したり、新たな例示で補足したりする『イニシへ断絶／ムカシ連続説でわかること』シリーズ＝新シリーズを加えることを予告し、そうやって「前シリーズを補足して私見が一層揺るぎないものになるなら、―中略―新シリーズを加えるのは当然」、とも述べた。その新シリーズが、本章と次章「イニシへ断絶／ムカシ連続説でわかること―上代から中古の『土佐日記』『古今集』『後撰集』『伊勢物語』『竹取物語』への流れ―」の両章である。

その両章のうち、本章では、次節で、前シリーズ中の『紀』『万葉集』『常陸』『伊勢』の例をいくつか振り返り**［注２］**、それらを以て、説が分かれる箇所でのイニシへ断絶／ムカシ連続説の優位とイニシへ連続／ムカシ断絶説の劣位、換言すれば、前者適用の妥当性に関し、適宜補足しつつ確認して、前者でこそ精確に理解できる例があることを説明する。つづく次々節では、前シリーズで詳述していない例を以て（全例『万葉』歌）、やはり、イニシへ断絶／ムカシ連続説の優位とイニシへ連続／ムカシ断絶説の劣位、すなわち、前者適用が妥当なことをさらに補足・確認し、前者でこそ精確に理解できる例があることをさらに説明する。次節・次々節で、イニシへ／ムカシの使い分け（およびその基準）に関する私見を、一層揺るぎないものにしたい。

ちなみに、第一章では、同章で紹介した混乱を収束に向かわせるべく、はじめに、

> イニシへ連続／ムカシ断絶説の方に勢いがあるのは、影響力ある先行研究があるからと考えられる。まず思い浮かぶのは、西郷信綱「神話と昔話」（『神話と国家　古代論集』昭52・6平凡社）のイニシへ連続／ムカシ断絶説である

と述べてから、次のようにつづけた。

西郷のイニシへ連続／ムカシ断絶説を批判し、イニシへ断絶／ムカシ連続説の妥当性を説き、―中略―西郷説を「概ね当たっていると」見ながらもイニシへ連続／ムカシ断絶説をイニシへ同質／ムカシ異質説に換える、山口佳紀「説話文献の文体史的考察」（『古代日本文体史論考』平5・4有精堂）に対し、やはり、批判し、イニシへ断絶／ムカシ連続説の妥当性を説く。

そして、そのとおりに論じ、一見魅力ありそうに映る、西郷のイニシへ連続／ムカシ断絶説における『万葉』歌の例示や、山口によるイニシへ同質／ムカシ異質説の、

> 過去からの連続を表現する場合、過去と現在との同質を前提とするイニシへユを用いることが多いのは、当然である。

といった指摘に対しても、避けずに真正面からとり組んだ上で、論拠たり得ないこと、あるいは、妥当な別解があることを述べ、上代においては、イニシへ連続／ムカシ断絶説やイニシへ同質／ムカシ異質説ではなく、イニ

シへ断絶／ムカシ連続説が妥当、と結論づけ、中古のなかでも比較的早い成立の『伊勢』を以ての補足までした。加えて、同章では、〈イマに連なるイニシへ／ムカシ〉の多寡を(本書では、イニシへユ・イニシへヨ・イニシへヨリといった例を〈イマに連なるイニシへ〉と呼び、ムカシではじまる方は〈イマに連なるムカシ〉と呼ぶ)、

　現在との連続性がムカシよりイニシへの方がずっと強く意識されていたことの証拠

ととる、西郷のイニシへ連続／ムカシ断絶説を踏まえる西條勉「フルコトをどう考えるか」(『古事記と王家の系譜学』平17・11笠間書院)の指摘もとりあげ、山口説と併せて、多寡の問題に関し、

　上代に広く多く見られる文脈を把握し、イニシへあるいは〈イマに連なるイニシへ〉に関しては、同質説・連続説ならぬ断絶説と結び付け、ムカシあるいは〈イマに連なるムカシ〉に関しては、異質説・断絶説ならぬ連続説と結び付けたい

と批判したほか、西條が示す、多寡の問題と同じくイニシへ断絶／ムカシ連続説にとって一見不利そうに映る例に対しても、同様に避けないで真正面からとり組み、不利にならないことを述べた。その例とは、

　始原的過去である「神々の時代をムカシと呼」んでいる例は西條が指摘しており、経験外の過去に対するイニシへ多用と端的に符合する、本来はイニシへの領分であるはずの「神々の時代」に対しても―中略―、ムカシを使用することはある

というムカシ使用例である。確かに、極めて遠く断絶的で漠然とした「始原的過去である『神々の時代をムカシと呼』んでいる例」は、同章における次の私見と、一見相容れなさそうに映るかもしれない。

　私などは、イニシへが「直接に体験していないはるか以前」の過去に対し多用されたなら断絶的、ムカシが「直接体験し」ている「近い過去」に対し多用されたなら連続的、と素直に思ってしまう

経験外／内の過去に対するイニシへ／ムカシ多用ひいてはイニシへ断絶／ムカシ連続説と「始原的過去である『神々の時代をムカシと呼』んでいる例」が相容れるか考えるとしたら、相容れないと速断する研究者が出てく

る可能性はある。しかし、同章での結論を言えば、相容れて、これまた、イニシへ断絶／ムカシ連続説に帰結する。ムカシは、連続感のほかに明確性も有し［注3］、その明確性で説明し得るからである。同章において、

西條は、「神々の時代」に「昔」「昔在」を用いる『風土記』『古語拾遺』におけるムカシ使用の三十一例につづき、西郷のムカシ断絶説をもち出し、山口は、『万葉』題詞・左注の「昔」三例に関し、ムカシ異質説で説明しようとするけれど、みな、ムカシ連続説に帰結する明確性あるいは記録に適す特質で説明できる。

と述べたとおりである（そこで指摘した、明確性あるいは記録に適す特質ゆえのムカシ使用例に関しては、つづく前々章・前章で『常陸』『紀』にも認められることを述べているので、併読されたい［注4］）。

とすると、もうイニシへ断絶／ムカシ連続説以外ないように思うのであるが、果たして、伊藤博『全注』や『古典基礎語辞典』『角川古語大辞典』のようなイニシへ断絶／ムカシ連続説派と、伊藤『釈注』・多田一臣『全解』［注5］や『日本国語大辞典　第二版』『古語大鑑』のようなイニシへ連続／ムカシ断絶説派で比較した場合、前者の優位と後者の劣位が周知のものとなるであろうか。そして、第一章で見た、正反対の二説が並存する混乱は、収束に向かうであろうか。私は、一筋縄ではいくまいと予想する。勢いがあるのは前者ならぬ後者の方で、

本書の刊行を以て、不健全な土壌の学界に対し僅かでも軌道修正させる一助となれるなら、幸甚である。

と前章を結んだのは、そうせねばならない厳しい現状にあるからにほかならず［注6］、健全な議論を経ないまま勢いだけで後者に流されてしまうのをおそれるばかりである。本章以降の「イニシへ断絶／ムカシ連続説でわかること」シリーズで、前章までの「上代におけるイニシへ／ムカシの使い分け」シリーズでの私見を補足し、一層揺るぎないものにできるか。是々非々での議論がはじまる可能性を、僅かでも見出せるようにできるか。それは、本章（および次章）が十分な強度を有し得るかにもかかっている。やるべきことはきっちりやっておきたい。

注1　絶対的な時間の尺度だけでは見ず、心理的にどう感じているかを見る。

2 次節に限らず、本章でとりあげる本文は、『集成』によった『伊勢』を除き、『新編全集』によっていて、『万葉』の歌番号と『伊勢』の章段番号以外は『新編全集』の頁数（および巻数）で示し、小字で示される箇所や『風土記』の逸文は対象外とした。

3 同章では、一方のイニシへに関しても、断絶感のほかに漠然性も有することを述べた。

4 前々章のはじめでは、第一章において指摘した、ムカシ連続説に帰結する明確性あるいは記録に適す特質ゆえのムカシ使用に関し、振り返って簡潔にまとめた。そちらも併読されたい。

5 第一章で紹介したとおり、『万葉』注釈書を見ると、伊藤は、『全注』ではイニシへ断絶／ムカシ連続説であったのが、『釈注』になってイニシへ連続／ムカシ断絶説に反転し（一三番歌のところ参照）、多田『全解』は、一三・三七八番歌等ではイニシへ連続説、三一番歌ではムカシ断絶説を採る。なお、次節では、その三七八番歌、次々節では、伊藤『釈注』・多田『全解』がイニシへ連続説の立場を明示している一二四〇番歌をとりあげる。

6 同章の注のところでは、拙稿「『伊勢物語』を統一体と見て一二三段を中心につなぎ読む―成立論的読みでなく相補論的読みを適用することの妥当性―」（「朱」平29・3）における、『伊勢』や赤人歌を研究していた頃からの学界批判を、紹介してある。また、第一章で、「本書がきっかけとなって議論がはじまることを望」み、「私見と同じイニシへ断絶／ムカシ連続説の立場であっても、私見をしっかり踏まえ、それを乗り越えるかたちで、論を展開してもらいた」く望んだことも、「念押しの意味で記」してある。

Ⅱ 「上代におけるイニシへ／ムカシの使い分け」シリーズ＝前シリーズでとりあげた例の場合

まず、本節では、前節の予告どおり、前シリーズでとりあげたなかから『紀』『万葉』の例をいくつか振り返り、説が分かれる箇所でのイニシへ断絶／ムカシ連続説の優位とイニシへ連続／ムカシ断絶説の劣位＝前者適用の妥当性に関し、適宜補足しつつ確認して、前者でこそ精確に理解できる例があることを説明していく。

基本的なところから述べるなら、はじめに、原文＝漢字の読みの問題を論じる必要がある。イニシヘなりムカシなりを論じる際、第一に注意すべきは、それをどう読むかであり、前章では、注のところで、

たとえば、『万葉集』に出てくる原文「昔者」に関し、『新編全集』が「いにしへ／むかし」どちらで読んでいるかを調べると、三七八・一〇九六番の歌は前者、三一二番の歌や三七八六・三八〇三・三八〇四番の題詞および三八〇八番の左注は後者となる

と述べた。三七八・一〇九六／三一二番歌のような歌の場合は、音数に合うよう「いにしへ／むかし」どちらかの読みを選べばいいし**[注7]**、題詞冒頭の時代提示が三七九一番で「昔」、三七八六・三八〇三・三八〇四番で「昔者」となっていれば、換言すれば、同じ題詞冒頭の時代提示が「昔」でも「昔者」でもよければ、ともに「むかし」と読めることになる。また、左注冒頭が三八一〇番で「右、伝云、昔～」、三八〇八番で「右、伝云、昔者～」となっていれば、同じ左注冒頭が「昔」でも「昔者」でもいいということになり、読みは「むかし」で統一し得る。これらは、「いにしへ」と読むか「むかし」と読むかで迷わなくていい、わかりやすい例と言える。説が分かれる箇所を見る前に、わかりやすい例もあることをおさえておこう。

しかし、どう読むか迷わなく済む例がある一方で、迷いそうな例もある。『紀』の、『新編全集』では三巻二八二頁にある、次の箇所は（原文「窃比於往哲之善言矣」）、「往」の読みに関し、説が分かれている。

窃に往哲の善言に比へむ。

たとえば、同書は「むかしの」と読み、『日本古典全書』は「いにしへの」と読む。この箇所で説が分かれることや後者の読みを採るべきことは前章で述べたが、同章では、『新編全集』が「いにしへの」「いにしへ」と読む『万葉』三三九・三四〇番歌「古昔」「古」を類例として示し、次のように述べた。

酒の名を聖と負せし古の大き聖の言の宜しさ

古の七の賢しき人たちも欲りせしものは酒にしあるらし

とあるうちの「古の大き聖」「古の七の賢しき人たち」は、『新編全集』の注によると、前者は『魏志』にある故事によっており、後者は竹林の七賢人をさしている。となれば、彼らの時代は〈隔世のイニシヘ〉にほかならず、ひいては、類例たる「往哲」の時代も同様と考えねばならない。

さらに、『紀』の、『新編全集』が「いにしへの」と読む「古」「上古」「故」の例、すなわち、二巻三二・三五・五四六頁「古の聖王」、三巻一一七頁「上古の聖王」・一三六頁「故の聖帝明王」をあげ、第一章を振り返って、そもそも、「窃に往哲の善言に比へむ」とあるなら、右の「哲」は、―中略―同じ『紀』における「古の聖王」「上古の聖王」「故の聖帝明王」のように、身近な存在ではなく、歴史上の輝く存在と思われる。この「哲」の時代である「往」も、〈隔世のイニシヘ〉と見ていい。また、前々章で「漠然とした断絶的過去に対し推量するため、イニシヘ―ケムになる」例に含めた『万葉』一七二五番歌「古の賢しき人の遊びけむ」の「古」も、〈隔世のイニシヘ〉として類例に加えられる。

とつづけた**［注8］**。右のようにイニシヘ断絶説で説明し得る類例を見つけられれば、「いにしへ／むかし」どちらの読みを採るべきかわかるし、イニシヘ断絶説の優位とイニシヘ連続説の劣位＝前者適用の妥当性もわかるように思う。また、イニシヘ断絶説ならぬムカシ連続説で説明し得る類例を見つけられるなら、どちらの読みを採るべきか、および、ムカシ連続説の優位とムカシ断絶説の劣位＝前者適用の妥当性が、わかるはずである。

ちなみに、『万葉』において「いにしへ／むかし」どちらにも読まれると紹介した「昔者」に戻って付言すると、次の『紀』の例ははずせない。『新編全集』が、三巻五〇六～五〇七頁で、原文・読み下し・訳・注を、

蓋昔者到宮門而着朝服乎。

蓋し昔者は、宮門に到りて朝服を着しか。

思うに、昔は宮門に到着してから朝服を着用したのであろうか。

持統紀編者の注記であろう。

と記すこの例は、同書が「いにしへは」と読むとおりでいいと考えられる。右の「注記」は、「持統紀編者」が「思うに～のであろうか」と推測するほど漠然とした、当時から見て断絶感ある旧式をさしているから、断絶感・漠然性のイニシヘ使用で説明すべきであろうし（イニシヘが断絶感のほかに漠然性も有する点は注3参照）、実際、前章においてそう説明した。ここでも、イニシヘ断絶説の優位とイニシヘ連続説の劣位＝前者適用の妥当性は言える。つまり、類例をさがせなくても、断絶感・漠然性のイニシヘ使用に該当するか連続感・明確性のムカシ使用に該当するかわかれば、結論づけられるわけで、今後、原文＝漢字をどう読むか決める際は、イニシヘ断絶／ムカシ連続説に当てはめればいいと考えられる。また、注14の望月も、注のところで、『万葉』一〇九六番歌に関し、「意味の上から」どう「訓むべき」か決めるあり方を示していて、そのあり方に頷ける。

とは言え、影響力のある伊藤『釈注』・多田『全解』や『日本国語』『大鑑』等がイニシヘ連続／ムカシ断絶説派なら、その勢いが即減じることはなさそうな予感がするし、先行研究に対し避けることなく真正面からとり組まない、学界に散見される不健全な土壌も思うと（前節参照）、健全な議論を経て、混乱が収束に向かい、イニシヘ断絶／ムカシ連続説に結着するとは楽観視できない。伊藤『釈注』・多田『全解』に限って言えば、これらは、『万葉』歌中のイニシヘ使用例にイニシヘ連続説を適用したいようである（注5参照）。

ただし、やはり注5で述べたとおり、伊藤は、その前の『全注』では、正反対のイニシヘ断絶／ムカシ連続説を採り、イニシヘに関し、

現在と遮断された遠く久しい過去を漠然という

と注していて、私も、「山部赤人の藤原家之山池歌の表現方法―『万葉集』三七八番歌に見る〈絞り込み〉とその〈同調〉―」（『万葉赤人歌の表現方法　批判力と発想力で拓く国文学』平22・3鼎書房）執筆時には、

古の古き堤は年深み池のなぎさに水草生ひにけり

という、「古」ではじまるイニシへ使用例に関し**【注9】**、伊藤『全注』のイニシへ断絶説を援用した。第一章で述べたとおり、右の拙稿執筆時に上代におけるイニシへ／ムカシの使い分けの問題を知って、いつか結着させようと考え、それが本書の執筆へとつながったのであるが、同章では、本章で詳述することを予告したほか、

拙稿「山部赤人の藤原家之山池歌の表現方法」では、第一句「古の」の遠く断絶的で漠然とした雰囲気に注目し、「〈漠然〉からの始発」を理解し得た。そこまで理解するには、イニシへ連続説でも、イニシへ同質説でもなく、イニシへ断絶説を妥当とし、それで読まねばならない。

とも述べた（実は、『万葉赤人歌』では、また別の拙稿で「〈漠然〉からの始発」が認められるイニシへ使用例も論じていて**【注10】**、本書にはその妥当性を裏付ける目的もある）。対して、多田『全解』は、この歌の「古」を、

現在へのつながりが意識される過去。

と注する。「古」の語感をどうとるかに関し、私見／多田説で説が分かれている（今度は、「いにしへ」と読むか「むかし」と読むかで説が分かれる箇所ではなく、「いにしへ」と読む「古」に関し、「遠く断絶的で漠然とした」語感ととるか、「現在へのつながりが意識される」連続的な語感ととるかで、説が分かれる箇所）。しかし、赤人歌らしく周到に計算されたこの歌の表現方法を思うと、イニシへ断絶説の妥当性以外考えられない。表現方法の詳細は前述の拙稿に譲り**【注11】**、第一句「古」→第二句「古き堤」の展開から簡単に説明すれば（展開Aとする）、

イマと断絶感があり、かつ、漠然とした無形の抽象概念「古」

←

イマと連続感があり、かつ、時間の重みを可視化した有形の具象「古き堤」

といったように、第二句までにも、断絶感↓連続感あるいは無形↓有形（漠然↓明確）と展開する周到な計算がある。はじまりにふさわしい展開で、「古」＝〈漠然〉に始発するからこそ成り立つと言える。また、第五句まで範囲を広げたトータルな展開を言うなら（展開Bとする）、空間表現では、「堤」↓「池のなぎさ」↓「水草」で、

全体的な空間↓部分的な空間↓ごく一部分の空間
という〈絞り込み〉が展開し、時間表現では、「古の古き堤」↓「年深み」↓「水草生ひにけり」で、
大層長い時間↓まずまず長い時間↓それまでに比して極端に短い時間
という〈絞り込み〉が展開する。空間・時間両面において、全体的な空間「古の古き堤」と大層長い時間「古の古き堤」に始発し、部分的な空間「池のなぎさ」とまずまず長い時間「年深み」を経て、ごく一部分の「水草」とそれまでに比べ極端に短い「水草生ひにけり」に至る、といったように展開し、そのような空間・時間両面における〈絞り込み〉の〈同調〉は、明らかに認められる。「第一句『古』」の遠く断絶的で漠然とした雰囲気」による「〈漠然〉からの始発」は、時間面はじめの「大層長い時間」を表現し、それを欠けば、空間・時間両面における〈絞り込み〉の〈同調〉は、ここまできっちり成り立ち得ない。そして、展開Aであれ、展開Bであれ、そうした赤人歌らしい周到な計算が見えてくるのは、イニシヘ断絶説の私見の方であって、イニシヘ連続説の多田説では見えてこない。要するに、この歌の始発点「古」は、〈明確〉ならぬ〈漠然〉としての「古」としか考えられず、おのずと、イニシヘ断絶説の優位とイニシヘ連続説の劣位＝前者適用の妥当性といった結論に至るし、前者でこそ精確に理解できるのがこの歌であると結論づけられる。

つづいてとりあげるのも第一章で論じた例で、『万葉』四四八三番にある次の大伴家持歌は、

移り行く時見るごとに心痛く昔の人し思ほゆるかも

というムカシ使用例であり**[注12]**、「昔の人」が誰をさすか、すなわち、どれほど過去の故「人」かで、説が分かれる。たとえば、『新編全集』や木下正俊『全注』は、次のように注する。

二十八年前の長屋王の疑獄の際に父の旅人が痛憤したであろうことを想起して言うか。

仲麻呂の父武智麻呂らが神亀から天平初年にかけて、自家の繁栄のために長屋王らの邪魔者を葬った時、家持の父旅人が痛憤したであろうことを思い遣っていうか。

どちらも、かなり前まで遡ると見ている。長屋王の変があったのは七二九年であり、家持の生年を七一八年と考えると、彼にとって、その変は、生存中にあったことではあっても、かなり若い頃のことになる。しかも、自身が「痛憤した」のではなく、「父」である「旅人が痛憤したであろうことを想起して」あるいは「思い遣って」詠んだとしたら、経験内というより経験外となり、もし両説に従えば、「昔」を用いて断絶感・漠然性のある故「人」を「思」い出していると考えねばならなくなる**【注13】**。また、そう考えねばならなくなるのは、

　「昔の人」は、昔の大宮人・大伴氏の祖先を指すのだろうか。

と注する『新大系』も同様で、「大伴氏の祖先」とは、これまた、かなり前まで遡る。『新編全集』・木下『全注』や『新大系』は、「移り行く時」を後述する比較的近時と見て、それをきっかけとしてかなり前まで遡るという見方のようであるが、対して、『集成』や私見は、「移り行く時」も、「思」い出される故「人」生前の時代も、どちらも比較的近時と見る。ここでも説が分かれてしまっているのである（こちらも、「いにしへ」と読むか「むかし」と読むかで説が分かれる箇所ではなく、「むかし」と読む「昔」に関し、断絶感・漠然性のある故「人」が「思」い出されると考えるか、連続感・明確性のある故「人」が「思」い出されると考えるかで、説が分かれる箇所であり、語感をどうとるかの問題である点は、前述した藤原家之山池歌の場合と変わらない）。果たして、四四八三番の「昔の人」は、どれほど過去の故「人」をさすのであろうか。第一章では、次のように述べた**【注14】**。

　前年五月二日聖武天皇没し、この年一月六日諸兄が死んだ。貴族暗闘の醜い時局を敏感に読み取りつつ、これらの人々を心にしながら詠んだ歌であろう。

と、『集成』は注する（「この年」は七五七年）。前年・年内にそれほどの重要人物が他界している点は念頭に置きたいし、『集成』が「次々と移り変ってゆく季節のありさまを見るたびに」と訳す「移り行く時見るごとに」からは、未だ心理的に遠く断絶的になりきっていない、まだ漠然としていない故「人」像が浮かんでくる。説の分かれるところではあるものの、右の見方が妥当ではないか。他界したのが前年・年内といった比

較的近時で、折に触れ何度も、そして、「心痛」いほど強く「思」い出される、心理的に近く連続的で明確な故「人」（望月は、「上代のムカシ」中の「故人に関連して用いられるムカシ」でこの歌も例示し、「強烈、鮮烈な印象を伴って思い出される過去の人が、ムカシノヒトである」としていて、「強烈、鮮烈な印象」と見る点はムカシの明確性として頷ける―中略―）。そういう「人」を「昔の人」と詠んでいるわけで、故人への思いを主題とし、かつ、「昔」を用いる例にまで当たった上で言っても、ムカシ断絶説ならぬムカシ連続説の妥当性は揺らがないのである。

「次々と移り変ってゆく季節のありさまを見るたびに」何度も「思」い出される「昔の人」、あるいは、「心痛く」なるほど強く「思」い出される「昔の人」とは、かなり前の故「人」とは考えられない。素直にとるなら、年の推移ならぬ季節の推移とともに「思」い出されるのは、比較的近時に他界した故「人」と考えられるし、折に触れ何度も強く「思」い出されるのは、連続感・明確性のある故「人」のはずで、ちょうど当てはまる重要人物も想像される。ここは、『集成』の指摘どおりと見ていい**【注15】**。なお、同章では、次のようにも述べた。

> 故人への思いが主題となる上代の『万葉』歌のなかで、故人生前の時代あるいは故人自身に対しイニシへ／ムカシいずれを使用するか、広く深く例に当たりつつ調べると、―中略―イニシへ断絶／ムカシ連続説が妥当との結論に至る

『万葉』歌においては「故人生前の時代あるいは故人自身に対し断絶感・漠然性のイニシへ使用が基本」であり（同章参照）、このことはイニシへ断絶説の論拠の一つとなり得るのであるが、この歌で家持があえて連続感・明確性のムカシを使用しているのは、断絶感・漠然性のある故「人」が「思」い出される一般的な例ではなく、連続感・明確性のある故「人」が「思」い出される特例であるからと考えられる**【注16】**。言い換えると、彼は、故「人」に対しては特例的な「昔」を用いることで、前年・年内他界の聖武天皇・橘諸兄を「思」い出させようとしているのではないか。藤原家之山池歌と同じく、この歌でも、精確に理解できるのは私見の方と考え得る。こ

の歌に関し、『集成』が私見のようにムカシ連続説の立場を明示したり、『新編全集』・木下『全注』や『新大系』がムカシ断絶説の立場を明示したりすることはないけれど、当てはめるならそうなるように思う。そして、そのムカシ連続説とムカシ断絶説を比べると、前者の優位と後者の劣位＝前者適用の妥当性が導き出され、前者でこそ精確な理解が可能とわかる。イニシヘ使用例につづき、ムカシ使用例でも、同様なことが言える。

では、説が分かれる箇所におけるイニシヘ断絶／ムカシ連続説の優位とイニシヘ連続／ムカシ断絶説の劣位＝前者適用が妥当であることの補足・確認は終え、前者でこそ精確に理解できる例があるという点に関してのみ説明する。とりあげるのは、前々章で論じた『常陸』の例、および、第一章で論じた『伊勢』の例である。

『常陸』から言うと、まず、次のムカシ使用の三例に注目した（『新編全集』三七一・四一五・四一九頁）。

> 昔、倭武の天皇、岳の上に停留りたまひて、御膳を進奉りたまふ。時に、水部をして新たに清井を掘らしめたまふに、出泉浄く香り、飲喫むに尤好かりしかば、勅云りしたまひしく、「能く渟れる水哉」とのりたまふ。是に由りて、里の名を今田余りと謂ふ。
>
> 昔、遇鹿と号ふ。古老の曰へらく、倭武の天皇、此に至りたまひし時に、皇后、参り遇ひたまふ。因りて名とす。
>
> 昔、倭武の天皇、舟に乗りて海に浮びて、島の礒を御覧はししに、種々の海藻、多に生ひて茂り栄ゆ。因りて名づく。

これら三例は『常陸』のムカシ使用例中特に要注目で、『常陸』におけるイニシヘ断絶／ムカシ連続説適用の妥当性を説いた前々章では、次のように述べた。

> 中央側の由緒ある「倭武の天皇」の過去は、明確な記録として残すべきはずで、ゆえに、明確性のムカシを使用しているのではないか。

そして、横山佳永子「『常陸国風土記』における天皇関連記事―定型句『古老曰』との関わりから―」（『古事記年

報」平13・1）の、「ヤマトタケルノミコトを『倭武天皇』として常陸国風土記に記載する」点に関する、

中央の人物が常陸国にまで浸透しているのであるということを中央に対してアピールすることにさえなる

との説を援用して、次のようにつづけた。

「中央に対」する「アピール」はあると思われるし、そのためなら、明確な「昔」で記録するのは適切とも思われる。換言すれば、彼の過去に対し漠然性のイニシへを使用するのは不適切と思われ、実際、中央側の由緒ある者＝Xを「イニシへ、X～」と記す例は、ないのである。

また、「倭武の天皇」と同じく「昔」が用いられる中央側の由緒ある者として、『新編全集』三五七頁の「美麻貴の天皇」＝崇神天皇を加え、それら「天皇」に関するムカシ使用の四例と土着民に関するイニシへ使用の六例を比較した**【注17】**（ここで言う土着民とは、「古」が用いられる同書三七七・三七九頁の「佐伯」三例や三五九頁の「山の賊」一例や三八六・四一一頁の「国栖」二例をさす）。同章では、後者のうち、「古、佐伯～」に関し、

天皇代や年号が記されない「古」という時代設定は、少なくともこれらの伝承が中央の時間軸に位置づけられないことを意味している。

と指摘する兼岡理恵「『常陸国風土記』行方郡説話」（『風土記受容史研究』平20・2笠間書院）の説も援用し、

「中央の時間軸に位置づけられ」る者の過去を明確な「昔」で記録した「天皇」関係四例と、漠然とした『古』という時代設定」が「中央の時間軸に位置づけられないことを意味」するそれら六例は、まさに対照的と言える。この明らかな対照性は、非中央／中央性でイニシへ／ムカシを使い分ける基本方針を意味し、それは、イニシへ断絶説に帰結する漠然性あるいは記録に適さない特質、および、それと好対照をなす、ムカシ連続説に帰結する明確性あるいは記録に適す特質で、説明できる。

と結論づけたのであった。本章でも右の結論どおりでいいと考えるし、『豊後』『肥前』『播磨』等の他の『風土記』に見られないそうしたイニシへ／ムカシ使い分けの意識は、『常陸』の独自性と言えて、

明確に記録しない（漠然と伝承する）非中央性に対しては漠然とした「古」「上古」「古昔」を用い、明確に記録する中央性に対しては明確な「昔」を用いる。そうしたイニシヘ／ムカシ使い分けの基本方針によって、中央性を際立たせる『常陸』の独自性は成り立っていた。

とも結論づけた私見は、『常陸』を精確に理解する上で看過できないと思われる。もちろん、これは、イニシヘ断絶／ムカシ連続説の立場から言えることで、イニシヘ連続／ムカシ断絶説の立場からは言えない。前者でこそ精確に理解できる例として、非中央／中央性でイニシヘ／ムカシを明らかに使い分ける『常陸』もあげられる。

次に見る『伊勢』は、上代の例ではなく、中古のなかでも比較的早期の例である。上代におけるイニシヘ断絶／ムカシ連続説の妥当性を説いた第一章では『伊勢』への流れを論じて結んだが、それは、上代↓中古の継承を示して補足する目的があるからで、本章にもその目的はある。『伊勢』の例のなかで、本章で特に注目したいのは、

いにしへのにほひはいづらさくら花こけるからともなりにけるかな

という六二段収録歌のイニシヘ使用例と、

五月待つ花橘の香をかげばむかしの人の袖の香ぞする

という六〇段収録歌のムカシ使用例で、比較すると、前述した、非中央／中央性でイニシヘ／ムカシを明らかに使い分ける『常陸』の例同様、イニシヘ断絶／ムカシ連続説でこそ精確に理解できる例の一つと見なし得る（『常陸』とともに、次章でまたとりあげる）。『伊勢』において対をなすと考えられる六二／六〇段の各収録歌は、「過去を思い出せない」と詠む場合には断絶感・漠然性のイニシヘ、「過去を思い出せる」と詠む場合には連続感・明確性のムカシ使用になっているからで、これまた、『常陸』の例と同じく、明らかな使い分け（およびその基準）を指摘することができる。今後、ここを論じる際は、イニシヘ断絶／ムカシ連続説に触れないではいられないのではないか（先行研究には、第一章の注のところで紹介した、平11・1「日本文学ノート」収録の百井順子「『伊勢物語』の空間と時間―その歌物語的構造―」があり、同章の初出論文の段階で見落としていたことを詫びた）。

以上、本節では、前章まででとりあげたなかから『紀』『万葉』『常陸』『伊勢』の例をいくつか振り返り、説が分かれる箇所でのイニシヘ断絶／ムカシ連続説の優位とイニシヘ連続／ムカシ断絶説の劣位＝前者適用の妥当性に関し、適宜補足しつつ確認して、前者でこそ精確に理解できる例があることを説明した。すなわち、『持統紀』における「往哲」の「往」を「いにしへの／むかしの」どちらで読むかという問題や、藤原家之山池歌「古」の語感をどうとるかで周到な計算が見えてきたりこなかったりする問題（問題Aとする）や、『万葉』四四八三番歌「昔の人」に関し「昔」の語感をどうとるかでどれほど前の故「人」かわかる問題（問題Bとする）からは、イニシヘ断絶／ムカシ連続説の優位とイニシヘ連続／ムカシ断絶説の劣位＝前者適用が妥当なことを補足・確認できたし、『常陸』における非中央／中央性によるイニシヘ／ムカシの使い分けや、『伊勢』六二／六〇段各収録歌における「過去を思い出せない／出せる」によるイニシヘ／ムカシの使い分けの問題からは、イニシヘ断絶／ムカシ連続説でこそ精確に理解できる例があることを説明し得た（問題A・Bも該当）。また、イニシヘ／ムカシが両方ある『常陸』『伊勢』の例では、明らかな使い分け（およびその基準）も指摘できたのであった。

注7 たとえば、伊藤『釈注』は、三七八番歌のところで、次のように注している。

原文「昔者」はムカシとも訓むが（三一二）、ここは音数の関係でイニシヘと訓む。

ちなみに、三七八・一〇九六番歌の第一句の原文は、どちらも「昔者之」。三一二番歌第一句原文は、「昔者社」。「之」を「の」、「社」を「こそ」と読むなら、「音数の関係で」、おのずと、答が出る。

8 引用文中にある、『万葉』一七二五番歌「古の賢しき人の遊びけむ」の「古」は原文「古」。

9 「古」は原文「昔者」（注7参照）。

10 「〈漠然〉からの始発」に関しては、やはり『万葉赤人歌』に収めた拙稿「山部赤人の富士讃歌の表現方法―『万葉集』三一七―三一八番歌に見る〈出し惜しみ〉と〈画竜点睛〉の補完関係―」「山部赤人の真間娘子歌の表現方法―『万葉集』

四三一―四三三番歌に見る聞く歌としてのエンターテイメント性―」「山部赤人の春日野歌の表現方法―『万葉集』三七二―三七三番歌に見る〈絞り込み＝焦点化〉〈同調〉と〈重ね合わせ〉〈要約〉―」でも論じたが、特に真間娘子歌は、藤原家之山池歌同様、断絶感・漠然性のイニシへがかかわってくるので、「山部赤人の藤原家之山池歌の表現方法」とともに、「山部赤人の真間娘子歌の表現方法」も併読されたい。また、ネット上で公開している「山部赤人動画講義」なら、藤原家之山池歌はⅠの前半・後半（10＋9分）、真間娘子歌はⅥの前半・後半で視聴可能（9＋9分）。

11　注10の「山部赤人動画講義」でも表現方法はわかるが、イニシへ断絶／ムカシ連続説かイニシへ連続／ムカシ断絶説かで説が分かれる点やこの歌をイニシへ断絶説で解釈せねばならない点を説明した、別の動画講義もある。前章でも紹介した「夢ナビライブ　大学研究&学問発見のための国公私立大合同進学ガイダンス」の「山部赤人はなぜ歌聖か」の2分10秒～12分6秒のところを、参照されたい（21分、「山部赤人動画講義」や「愛知教育大学田口研究室」からとべる）。

12　「昔」は原文「牟可之」。

13　念のため言うと、前節で述べた、「始原的過去である『神々の時代をムカシと呼』んでいる例」もあり、かなり前の断絶感ある過去に対するムカシ使用例でも、ムカシ連続説に帰結する明確性あるいは記録に適す特質で説明できるものはある。しかし、これは、個人の感情を詠んだ歌であって、明確に記録しようとした類のものではない。第一章において、

比較的近時に他界した、折に触れ何度も強く「思」い出される、心理的に近く連続的で明確な故「人」

と述べたとおり、この歌は、心理的に近く連続的で明確な故人に対するムカシ使用例、あるいは、変わらず心中にある故人に対するムカシ使用例ととるべきである（「連続的」ということは明確に「思」い出されるということでもあり、その意味で明確性を有し、後述する望月は、「明確」に類する「鮮烈」という表現を使っている）。

14　引用文中の「望月」は望月郁子「イニシへ・ムカシ考」（「常葉女子短期大学紀要」昭44・11）をさすが、実は、「昔の人」に関し、

あるいは亡父旅人（七三一年没）であろうか。

と見ており、「強烈、鮮烈な印象」と見る点には頷けても、その点には頷けない。前述の「長屋王」「大伴氏の祖先」と同じく、比較的近時に他界していない、かなり前の故「人」となってしまい、「明確」＝「鮮烈」ではなくなるからである。

15 伊藤『釈注』も見るなら、

聖武天皇に元正女帝や橘諸兄を含めて、遠く近く不在になった存在を懐かしんだのが「昔の人し思ほゆるかも」であるにちがいない。

とあり、「近く」に当たる前年・年内他界の聖武天皇・諸兄をあげる点には頷けるが、「遠く」に当たる九年前他界の元正天皇をあげる点には頷けない。後者ははずすべきである。なお、故人に対する『万葉』歌を見ると、たとえば、安騎野遊猟歌中の四五―四六番歌には、それぞれ「古」が用いられ（原文「古昔」「去部」）、それら「古」を『新編全集』は「日並皇子がここに来られた時のこと」「故皇子のいらした当時」と訳しているが、それがどれほど前かは、伊藤『釈注』の、

軽皇子が、宇陀の山野、安騎の野に遊猟したのは、持統六年（六九二）の冬のことであったらしい。持統三年四月十三日にこの世を去る以前、草壁皇子は人麻呂たちを従えて安騎野遊猟に興じたことがあった。その同じ野で猟を行ない、父草壁を追懐するのがこのたびの遊猟の目的であった。

との説明に従えば（日並皇子＝草壁皇子）、約三年半前となり、四四八三番歌の前年・年内と、近いことは近い。確かに、

安騎の野に宿る旅人うちなびき眠も寝らめやも古思ふに

という四六番歌の「うちなびき眠も寝らめやも」からは、まさしく故人を強く「追懐」していることがわかる。しかし、「『心痛く』なるほど強く」は当てはまっても、「『次々と移り変ってゆく季節のありさまを見るたびに』何度も」は、当てはまらないと考える。その種の連続感までは、認められない。前年・年内と約三年半前は近いものの、四五―四六番歌には断絶感のイニシへ、四四八三番歌には連続感のムカシを使用するのが、ふさわしいものと思われる。

16 『万葉』歌のなかには、ムカシ連続説で説明すべき四四八三番歌の「昔の人」もあれば、イニシへ断絶説で説明すべきと思われる一一一五番歌の「古の皆人」もある（「古」は原文「古」）。両例は好対照をなすと考え得るので、前者におい

て「家持があえて連続感・明確性のムカシを使用し」た点をよりわかりやすくすべく、ここで比較しておく。後者は、

妹が紐結八河内を古の皆人見きとここを誰知る

といった歌で、『新編全集』は、「古の皆人見きと」「ここを誰知る」に関し、それぞれ、

前代の大宮人が多数この地を見に訪れた、の意か。

反語的な内容で、自分以外の誰も知らないだろう、という気持ちか。このココは、このこと、の意で、上の「古の皆人見き」ということをさす。

と注しており、頷ける。過去には「皆人」が「見」ていたのに、イマは一般的に「知」られなくなっているとすると、その過去は、イマから見て遠く断絶的で漠然としたものでなければならないはずで、もし、第三句に断絶感・漠然性のイニシへでなく連続感・明確性のムカシが入っていたら、第五句「ここを誰知る」＝「自分以外の誰も知らないだろう」で表現したい落差、すなわち、過去→イマの落差を表現できない。言い換えると、第三句の解釈として妥当なのは、右のとおり、「前代の」でいいように思う（「前代」は、前述の〈隔世のイニシへ〉に当たる）。そして、逆に、過去→イマで落差がなく、連続感があって、かつ、明確性が失われていないのが四四八三番歌であれば、連続感・明確性のムカシが入って「昔の人」となるのは当然と考えられる。このように比較すると、「家持があえて連続感・明確性のムカシを使用し」たのが、よりわかりやすくなる。

17　ここにあげている「昔」「古」は、みな、原文「昔」「古」。

Ⅲ　「上代におけるイニシへ／ムカシの使い分け」シリーズ＝前シリーズで詳述していない例の場合

前シリーズでとりあげた例を見た前節につづき、本節においては、前シリーズで多少触れたけれど詳述していない例、および、歌番号すらあげていない例を見る。前々節での予告どおり全例『万葉』歌であるが、やはり、

イニシへ断絶／ムカシ連続説の優位とイニシへ連続／ムカシ断絶説の劣位＝前者適用の妥当性に関し、さらに補足・確認して、前者でこそ精確に理解できる例があることをさらに説明する。前節の付け足し・念押しにしたい。

はじめに見るのは、高橋虫麻呂歌である。第一章では、二六六番の柿本人麻呂歌に三二番の武市古人歌と三二四番の赤人歌を加え、旧都の都時代に「古」が用いられることを指摘した上で**［注18］**、

旧都の都時代に対し断絶感・漠然性のイニシへ使用が基本であったのに類して、故人生前の時代あるいは故人自身に対し断絶感・漠然性のイニシへ使用が基本

と述べた。また、『真間娘子』『浦島子』―中略―等の伝説の時代も故人生前の時代にほかならないとも述べていて、虫麻呂のイニシへ使用例である一七四〇・一八〇七番の伝説歌に関し、歌番号を示した。そして、「旧都の都時代」、および、「伝説の時代」を含む「故人生前の時代あるいは故人自身に対し断絶感・漠然性のイニシへ使用が基本」である理由を、「心理的に遠く断絶的で漠然と感じるからと見て」、「イニシへ断絶説が妥当と考え」たが、本章では、虫麻呂歌中、イニシへ使用の「浦島子」「真間娘子」の伝説歌から詳述し、その上で、ムカシ使用例に関しても後述する。イニシへ／ムカシ両方に目配りし、総合的に論じることをめざす。

大久保廣行『筑紫文学圏と高橋虫麻呂』平18・2笠間書院は、右の両イニシへ使用例をとりあげており、現在と過去との往還のパターンにはおよそ次のようなものがある。

A　現在から過去へと移る
B　過去を過去のこととして詠む
C　過去を現在のこととして詠む
D　過去から現在へと戻る

と分類した上で、「伝説に取材した長歌の構成にあてはめ」て、

水江浦島子歌　（９一七四〇）　A→B→D

真間娘子歌　（9一八〇七）　A→C→D

とし、次のように「額縁型（入れ子型）構造を基本とする」点を指摘する（二二二〜二二三頁）**[注19]**。

虫麻呂の長歌の場合は、詠み手の現時点を示す導入部と集結部との間に伝説部分をはめ込むといういわば額縁型（入れ子型）構造を基本とする

詠者のイマを示す導入部・終結部＝頭尾は、過去の伝説＝中央部をはさんでいる（引用文中の「集結部」は、正しくは「終結部」ではないか）。そのように頭尾が円環することを、おさえておこう。

まず、一七四〇番歌の方の導入部は、

春の日の　霞める時に　墨吉の　岸に出で居て　釣舟の　とをらふ見れば　古の　ことそ思ほゆる

となっていて**[注20]**、終結部は、

水江の　浦島子が　家所見ゆ

となっている。「古」を含む導入部は、前節で見た「古」ではじまる赤人の藤原家之山池歌と同様に、「〈漠然〉からの始発」と見ていい。冒頭「古の　ことそ思ほゆる」は、それに前置される「春の日の　―中略―　とをらふ見れば」とともに、「〈漠然〉からの始発」を成り立たせている**[注21]**。終結部にある「家所」についても、注10にあげた拙稿「山部赤人の真間娘子歌の表現方法」で援用した、四三二番歌中の「奥つき処」に関する、

「ところ」は、「大宮処」（1・二九）や「家地」（9・一七四〇）の如く、その実体がすでにない場合に言うことが多い。長歌（四三一）で「奥城を　こことは聞けど　（その跡は分からないが）」と述べたので、ここで「奥城ところ」と表現した

という西宮一民『全注』の注に従えば、「実体がすでにない」と考え得る「家所」は、故「浦島子」の「生前の時代」が遠く断絶的で漠然としていることを示し、導入部とこの終結部が頭尾で円環する点からすると、終結部は導入部にあるイニシへの断絶感・漠然性を裏付けているように思う。とにかく、ここでのイニシへは、詠者のイ

マから遡っての断絶感・漠然性を示しており、導入部にふさわしいと考えられる。

つづいて、一八〇七番歌の方の導入部・終結部は、それぞれ、次のようになっている。

> 鶏が鳴く　東の国に　古に　ありけることと　今までに　絶えず言ひける
>
> 遠き代に　ありけることを　昨日しも　見けむがごとも　思ほゆるかも

導入部にある「古」は**【注22】**、終結部にある「遠き代」のことにほかならず、断絶感のイニシへ使用と考えられ、「遠」く断絶的に感じられるなら、漠然性も当てはまるものと思われる。

なお、右の「古」は、「今までに　絶えず言ひ」伝えてきた、という文脈で出てくるが、その語感自体に「今」との連続感を認めるべきではなく、逆に、断絶感を認めるべきである。この「古」を含む導入部は、第一章で説明した、代々に当たる〈イマに連なるイニシへ〉に類すると見ていい（イニシへユ・イニシへヨ・イニシへヨリといったかたちではないため、「類する」）。〈イマに連なるイニシへ〉に関しては、次のように述べた。

> 語感自体が遠く断絶的で漠然としたイニシへを始発点に置けば、終着点イマまでの経験外の〈ずうっと的網羅性〉を強調できる。

〈イマに連なるイニシへ〉に類すると見なせる以上、ここで「古」を「今」との連続感がある過去ととることは、換言すれば、「古」をイニシへ連続説でとらえることは、してはならない。導入部にある「古」の語感自体は、前述の一七四〇番歌と同じく、詠者のイマから遡っての断絶感・漠然性を示し、これまた、導入部にふさわしい。

また、右同様重要な点としては、一八〇七番歌においても、円環する終結部との対応の問題がある。詠者のイマを示す導入部と終結部の対応は一七四〇番歌と変わらず、「額縁型（入れ子型）構造」＝頭尾の円環は成り立つ。ただし、一七四〇番歌のように頭尾とも断絶感・漠然性で統一できて円環するか、という問題になると、説明が必要となる。『新編全集』の訳では、一八〇七番歌の終結部は、

> 遠い昔に　あった出来事だが　ほんの昨日　実際に見たかのように　思えることだ

となる。これを踏まえて言えば、前半の「あった出来事だが」以前からは断絶感・漠然性が感じられ、後半の「ほんの昨日」以降からは連続感・明確性が感じられる。そして、前半を重視すれば、頭尾とも断絶感・漠然性で統一できて円環するのに対し、後半を重視すれば、頭尾で逆になり、一見、統一できなくて円環しなさそうに映るかもしれない。しかし、後者に関しては、あくまで虫麻呂は、「ほんの昨日　実際に見たかのように　思」っているにすぎず、一方、前者は、厳然とした事実である。よって、前半重視で、頭尾が断絶感・漠然性で統一できて円環すると見なせるはずである。とは言うものの、そう見ていいことを補足するためには、一七四〇・一八〇七番歌のようなイニシヘ使用例ではないけれど参考になる、同じ虫麻呂の「菟原処女」に関する伝説歌を見て、念には念を入れておきたい。その歌は、一八〇九番にあり、終結部は、次のようになっている。

　故縁聞きて　知らねども　新喪のごとも　音泣きつるかも

前述の大久保『筑紫文学圏』二二三頁に「導入部を欠」くとあるとおり、導入部はなく、『新編全集』は、右を、

　そのいわれを聞いて　真実は知らないが　最近の喪のように　声をあげて泣いてしまったことだ

と訳す。「知らねども」と詠む点からすると、一八〇七番歌で伝説を「ほんの昨日　実際に見たかのように」詠んだ虫麻呂も、一八〇九番歌では伝説に関し「真実は知らない」と明示していることになる。この点こそ、一八〇七番歌において頭尾が断絶感・漠然性で統一できて円環するか判断する際、決め手になる。ちなみに、注14にあげた望月論文の「上代のイニシヘ」中の「知らぬ過去、忘れかけた過去を言うイニシヘについて」には、

　遠い過去を言うイニシヘは、転じて、遠いがゆえに知らぬ過去、忘れかけた過去を言う場合が出てくる。

―中略―

ムカシは、ムカシ見シと使われ、直接体験し、今も印象鮮やかに生きている過去を言い、知ラヌとともには現われない。

とある。第一章では、右を、「イニシヘ／ムカシの断絶感・漠然性／連続感・明確性の図式にとり込めて、ひいて

は、イニシへ断絶／ムカシ連続説に帰結する」指摘として援用した。ムカシは、「直接体験し、今も印象鮮やかに生きている過去」に対する使用例が多く（第一章で紹介し、前々節でも触れた、経験内の過去に対するムカシ多用）、連続感・明確性と結び付き、イニシへは、「知ラヌ」過去に対しての使用もあることから（同じく、経験外の過去に対するイニシへ多用）、断絶感・漠然性と結び付く。一八〇九番歌の終結部前半にイニシへは使用されていなくても、「知らねども」とあれば、やはり、断絶感・漠然性を読みとるべきである。後半に「新喪のごとも　音泣きつるかも」とあろうと、すなわち、そこのみから連続感・明確性があるかのように感じられようと、そう読みとるのが妥当と思われる。要するに、同じ虫麻呂の伝説歌で、かつ、終結部前半／後半のかたちが一八〇七番歌に類する一八〇九番歌では（終結部全体で断絶感・漠然性を示す一七四〇番歌は異なる）、断絶感・漠然性を示す前半を重視すべきであり、となれば、一八〇七番歌でも、重視すべきは断絶感・漠然性を示す前半と考えられる。従って、前述した、一七四〇・一八〇七番歌における頭尾の統一・円環に関する問題は、頭尾とも断絶感・漠然性で統一できて円環する、という答に落ち着く（頭を欠く一八〇九番歌は、対象外）。

ともかく、虫麻呂のイニシへ使用例である一七四〇・一八〇七番の伝説歌に関しては、イニシへ断絶説の優位とイニシへ連続説の劣位＝前者適用が妥当であることをさらに補足・確認できて、前者でこそ精確に理解できる例があることをさらに説明できた。具体的に言うなら、前者の立場から、円環する頭尾の断絶感・漠然性で中央部＝伝説を特立させるかたちを、精確に理解できた。

虫麻呂のイニシへ使用例の次は、彼のムカシ使用例。こちらは、第一章で、歌番号に加え、例示もしてある。本章で、そのムカシ使用の一七五四・一七五九番歌を、前述したイニシへ使用の一七四〇・一八〇七番歌と並べて総合的に見れば、イニシへ断絶／ムカシ連続説の優位とイニシへ連続／ムカシ断絶説の劣位＝前者適用が妥当なことをさらに補足・確認でき、前者でこそ精確に理解できる例があることをさらに説明できるはずである。

第一章で例示した一七五四・一七五九番歌は、次のようになっている**［注23］**。

今日の日にいかにか及かむ筑波嶺に昔の人の来けむその日も
鷲の住む　筑波の山の　裳羽服津の　その津の上に　率ひて　娘子壮士の　行き集ひ　かがふ嬥歌に　人妻に　我も交はらむ　我が妻に　人も言問へ　この山を　うしはく神の　昔より　禁めぬ行事ぞ　今日のみは　めぐしもな見そ　事も咎むな

これら両例に関し、同章では、「過去のさまを明確にイメージした上で比べ、『いかにか及かむ』と反語で断じ」る、と述べたり、「古来の慣習を明確に信じて、—中略—『禁めぬ行事ぞ』と強く詠む」、と述べたりして、類例と見なした一六七八・三六九五・四一四七番歌とともに(これら三例は非虫麻呂歌)、次のようにまとめた**[注24]**。

漠然とではなく、明確に信じ、イメージし、頷くのは、はるか遠い過去の、絶対的に遠く断絶的で漠然とした事象でも、心理的に近く連続的で明確と感じるからで、そこで「昔」が用いられれば、ムカシ断絶説でなくムカシ連続説が妥当

また、イニシへの断絶感・漠然性を示す例にも目配りし、ムカシの連続感・明確性を示す例との対照性も指摘して、イニシへ連続／ムカシ断絶説ならぬイニシへ断絶／ムカシ連続説が妥当との結論を導き出した。当然、ムカシ連続説の優位とムカシ断絶説の劣位＝前者適用の妥当性は言えており、本章で、前者を採るからこその精確な理解に関し具体的に言うなら、次のようになる。すなわち、絶対的な時間の尺度だけでは見ない心理的な問題として両例をとらえれば、「明確にイメージ」することや「明確に信じ」ることと連続感・明確性のムカシ使用が合っていて、その内容とムカシ使用の相乗効果で明確性が強調される点を精確に理解できる、というものである。

さて、右の、イニシへ使用の虫麻呂歌＝一七四〇・一八〇七番歌に関する私見とムカシ使用の虫麻呂歌＝一七五四・一七五九番歌に関する私見を総合し、結論を述べるとしよう。断絶感・漠然性のイニシへを使用する虫麻呂歌の場合、イニシへ断絶説の優位とイニシへ連続説の劣位＝前者適用が妥当なことをさらに補足・確認でき、前者でこそ精確に理解できる例があることをさらに説明できた。また、既に第一章で例示した、連続感・明確性

のムカシを使用する虫麻呂歌の場合は、ムカシ連続説の優位とムカシ断絶説の劣位＝前者適用の妥当性はもう言えていて、具体的に言ってはいなかった、前者でこそ精確に理解できる例があることも言えた。つまり、虫麻呂によるイニシへ／ムカシ使用例を並べて見れば、イニシへ断絶／ムカシ連続説の優位とイニシへ連続／ムカシ断絶説の劣位＝前者適用が妥当なことをさらに補足・確認でき、イニシへ断絶／ムカシ連続説でこそ精確に理解できる例があることをさらに説明できるわけで、加えて、断絶感・漠然性ならイニシへ、連続感・明確性ならムカシ、といった明らかな使い分け（およびその基準）も、前節と同様に指摘できるのである。

では、次は、第一章で歌番号すらあげていない例をとりあげる。イニシへ断絶／ムカシ連続説の優位とイニシへ連続／ムカシ断絶説の劣位＝前者適用が妥当なことのさらなる補足・説明、および、前者でこそ精確に理解できる例があることのさらなる説明を、新たな例を示して行なうとしよう。

大浦誠士「『いにしへ』の見える〈場所〉」（「古代文学」平22・3）は、「いにしへ思ほゆ」に関し、

玉櫛笥三諸戸山を行きしかばおもしろくして古思ほゆ

という一二四〇番歌をとりあげて**[注25]**、この歌を「そこを旅してどの程度のちの歌かはっきりしないけれども、そう遠い過去のことではな」い「旅の途中での感慨」ととる伊藤『釈注』の指摘に対し、次のように異を唱える。

> 「いにしへ」について『釈注』は「そう遠い過去のことではなかろう」と言うが、「みもろと山」が所在不明ながら神の来臨する神聖な山であることを考えると、人麻呂が瀬戸内航路において「大君の遠の朝廷とあり通ふ島門を見れば神代し思ほゆ」（③三〇四）と歌ったのと同様な感慨を読み取るべきであろう。
>
> ―中略―
>
> 「いにしへ思ほゆ」と歌われる「いにしへ」は、総じて叙述主体の体験を超える

右の「総じて叙述主体の体験を超える」との指摘は、経験外の過去に対するイニシへ多用と符合し、「神の」時代に関する「感慨を読み取るべき」とすれば、イニシへ断絶説に帰結する（大浦論文には「『いにしへ』は、―中略

―太古の昔」「太古の『いにしへ』」ともあり、イニシへ断絶説へとつながるように思う）。また、「神代し思ほゆ」と詠む三〇四番歌との類似を「読み取る」点は、たとえば、

> 作者は古代の神話を想起している

と見る『新大系』の一二四〇番歌「古思ほゆ」に関する注と同一視できるし、同章で援用し、前章で振り返った、大谷雅夫「柿本人麻呂の恋の歌一首―いにしへにありけむ人も我がごとか―」（「国文学」平8・10）の、

> 万葉人は、さまざまな場所にそれぞれの神代を想像したのである。そして、その神代の昔から、山川や海岸が美しいので宮に通い、舟を泊てて来て、今もまたそうするのだと歌う。神代からの連続の上に今日のおのれが在るという確認がなされ、そこに心の安らぎが得られているのである。

といった指摘や、伊藤『釈注』の、

> 「古」もかくかくであったから「今」もかくかくであるのだ、のように、「今」あることを「神代」からの由あることとして説くのは、神話や伝説が神話や伝説であるための一つの型であった。

といった指摘も（一三番歌のところ）、思い出されてくる。「古思ほゆ」に関し、どのような語感の「古」を用いて「思」っているかを考える際、これらの指摘は重要で、一二四〇番歌「古」が断絶感・漠然性のイニシへであり、イニシへ断絶説に帰結する、ということがわかる。

対して、一二四〇番歌「古」に関し、伊藤『釈注』は、

> 現在にずっと続いてきている過去をいう。

と、イニシへ連続説の立場から注し、多田『全解』も、

> 現在につながると意識される過去。ここは、三輪山伝説を想起したか。

と**【注26】**、同じくイニシへ連続説の立場から注しており、その点は共通するが、全て共通するわけではなく、前者は、詠者にとっての「そう遠い過去のことではな」い「旅の途中での感慨」と見て、後者は、「古思ほゆ」を、

　遠い昔のことがしきりに思われる。

と訳す（傍点田口）。もし一二四〇番歌「古」に関しイニシへ断絶説ならぬイニシへ連続説で説明しようとしたら、詠者にとっての「そう遠い過去のことではな」い「旅の途中での感慨」と見て、連続感・明確性と結び付けたり、「伝説」の時代かもしれない「遠い昔のこと」ではあるけれど「しきりに思われる」と見て（伊藤『釈注』も「あれこれ」と訳していて、これに似ている**[注27]**）、連続感・明確性と結び付けたりせねばならないのかもしれない。

　しかし、一二四〇番歌「古」は、大谷論文・伊藤『釈注』の指摘に従い、「神代」「神話や伝説」の時代、すなわち、はるか遠い経験外の始原的過去と見ていい。大浦が人麻呂歌の「神代し思ほゆ」に類するととったとおり、「そう遠い過去のことではな」いとは考えられないし**[注28]**、「しきりに」（あるいは「あれこれ」）と妙な補い方で断絶感・漠然性と逆の連続感・明確性を加えるのも、無理がある。また、「思ほゆ」に関しては、たとえば、

　遠く離れた物や事態を思うことが多い。

と『日本国語』の「おもほゆ」の項にあったり、『古典基礎語』の「おもほゆ」の項に、

　現在、自分から遠くにあると感じられる物事や事態を対象にすることが多く、昔（いにしえ・神代・旧都、旧都の栄えた時代）や故人、恋人や我が子、またその居場所である家、その庭の木草などを思う例が多い。

と『古典基礎語』の「おもほゆ」の項にあったりするのも考え併せるなら、「遠く離れた」あるいは「遠くにあると感じられる物事や事態を対象にすることが多」い点で、断絶感・漠然性のイニシへに合うものと思われる。なお、前節で述べたとおり、ムカシ使用例の『万葉』四四八三番歌において、詠者にとって「折に触れ何度も強く『思』い出されるのは、連続感・明確性ある故『人』のはずで、ちょうど当てはまる重要人物も想像され」、その「故『人』」は、「古の人」でなく「昔の人」と詠まれていた。右の訳「何度も」と同様と考えられる、一二四〇番歌に関する多田『全解』の「しきりに」（および伊藤『釈注』の「あれこれ」）といったニュアンスは、イニシへならぬムカシが受けもつと思われ、「しきりに」（あるいは「あれこれ」）という訳は、イニシへ使用例の一二四

○番歌に合うとは考えられない。詠者にとって「そう遠い過去のことではな」いとする点を含め、伊藤『釈注』・多田『全解』のごとくイニシへ連続説に寄せようとする解釈には、従えない。とすると、従うべきはイニシへ断絶説となる。ここでも、イニシへ断絶説の優位とイニシへ連続説の劣位＝前者適用が妥当なことをさらに補足・確認でき、前者でこそ精確に理解できる例があることをさらに説明できた。具体的に言えば、「古」と「思ほゆ」の相乗効果は、前者で言うところのイニシへの断絶感・漠然性を知ってはじめて精確に理解できるものである。

以上、本節では、前章までで詳述できていない例をとりあげ、イニシへ断絶／ムカシ連続説の優位とイニシへ連続／ムカシ断絶説の劣位＝前者適用の妥当性に関し、さらに補足・確認して、前者でこそ精確に理解できる例があることをさらに説明できた。そして、前節の『常陸』『伊勢』の例と同じく、イニシへ／ムカシが両方ある虫麻呂歌の例では、明らかな使い分け（およびその基準）を指摘し得たのであった。

注

18 それら三二・二六六・三二四番歌「古」は、みな、原文「古」。

19 「額縁型（入れ子型）構造」が「基本」、との指摘に該当するのが、引用した一七四〇・一八〇七番歌で、イニシへ使用例でもある。同書には、ほかに一七三八・一八〇九番歌も虫麻呂の「伝説に取材した長歌」としてあがっているが、それらは「基本」どおりではなく、イニシへ使用例でもない。一八〇九番歌は、参考としてとりあげる（後述）。

20 「古」は原文「古」。

21 伊藤『釈注』は、一七四〇番歌「冒頭」に関し、次のように述べている。

いにしえを遠く回顧して瞑想に耽るのに、冒頭、春の日の霞を四季の代表として持ち出し、釣り舟のたゆたいを設定したところがうまい。朧化による物語世界の提示は、聞き手をうっとりと遠い時代に引きこんで行く効果がある。

また、右の「朧化による―中略―効果がある」を援用する大久保も、前述の『筑紫文学圏』二六一頁で、「霞める」春の日ざしの中で「とをらふ」釣り船を〝見る〟ことが一種の催眠作用を促し、「古の事」へといざなう。

と述べる。「〈漠然〉からの始発」は、「うっとりと遠い時代に引きこんで行く」こと、あるいは、「催眠作用を促し、『古の事』へといざなう」ことにつながっていよう。ちなみに、注10にあげた赤人歌のなかには、「春の日の　霞める時に」に類する「〈漠然〉からの始発」がある。春日野歌冒頭「春日を　春日の山の」がそうで、やはり注10の拙稿「山部赤人の春日野歌の表現方法」では、「春の日の霞む春日山中の」ととる先行研究も踏まえ、「実際に霞んでいるとと」った。

22　「古」は原文「古昔」。

23　「昔」は原文「昔」、「昔より」は原文「従来」。なお、前者も、後者も、前述の大久保『筑紫文学圏』二二二～二二三頁でとりあげられてはいない。また、同章における例示は、前者は全てとしたが、後者は「人妻に」以降とした。

24　引用文中の「心理的に近く連続的と感じ」る「はるか遠い過去の、絶対的に遠く断絶的で漠然とした事象」を右の両例で言えば、「筑波嶺に昔の人の来けむその日」のこと・「この山を　うしはく神の　昔より　禁めぬ行事」が該当する。

25　「古」は原文「古昔」。

26　「三輪山伝説を想起したか」という点に関しては、『新大系』の言う「古代の神話を想起している」といったところまでは認められるとしても、「三輪山伝説」とまで限定できるかの判断は保留する。

27　伊藤『釈注』は、「古思ほゆ」に関し、次のように訳している（傍点田口）。

いにしえの事どもがあれこれ思い出されてならなかった。

28　そもそも、伊藤『釈注』の場合、一三番歌のところでの指摘「『古』もかくかくであったから『今』もかくかくであるのだ、のように、『今』あることを『神代』からの由あることとして説くのは、神話や伝説が神話や伝説であるための一つの型であった」にせよ、一七四〇番歌「冒頭」に関する記述「いにしえを遠く回顧して」にせよ（注21参照）、イニシへを「遠い過去のこと」と見ていそうなのに、なぜ一二四〇番歌「古」は「そう遠い過去のことではな」いのか。『全注』→『釈注』で反転する前に（注5参照）、生じ得る不統一性を予想し、不統一にならない立場を模索すべきであったのではないか。一二四〇番歌の解釈に限っても、「神のこもる山」である「みもろと山」に「偲ばれる『いにしへ』があったという考えも捨てきれない」でいるらしく、一方ではイニシへを「遠い過去のこと」と見ていそうで、不統一と思う。

Ⅳ 結び

第一章で紹介し、Ⅰ節でも触れた混乱。たとえば、学界を代表する大辞書間で正反対の二説が並存する混乱に対しては、放置せず、収束に向けて議論をはじめたいところではあるものの、研究者が、自説にとって都合の悪そうな例や説から目を背け、是々非々での議論をはじめねば、この混乱は、収束に向かうどころか、一層拡大してしまうおそれさえある。さらに、私が批判してきたイニシへ連続／ムカシ断絶説の方に、勢いだけで流されてしまうかもしれない。もちろん、私見と正反対のイニシへ連続／ムカシ断絶説派に向けてのみ批判しているのではない。私見と同じイニシへ断絶／ムカシ連続説派に向けても、たとえば、西郷説において一見説得力ありそうに映る、『万葉』の三一・三〇九番歌や一三・四〇九四番歌を例にしてのムカシ断絶説およびイニシへ連続説の論拠に対し（第一章参照）、なぜ避けないで真正面からとり組まなかったのか、と言いたいし、Ⅰ節で振り返った、同章の、イニシへ断絶／ムカシ連続説にとって一見不利そうに映る〈イマに連なるイニシへ／ムカシ〉の多寡の問題や「始原的過去である『神々の時代をムカシと呼』んでいる例」に対しても、同様なことを言いたい。

厳しい現状のなか、本章では、前々節で、イニシへ断絶／ムカシ連続説の優位とイニシへ連続／ムカシ断絶説の劣位＝前者適用が妥当なことを確認・補足し、前者でこそ精確に理解できる例があることを説明し得た。そして、前節では、さらなる確認・補足とさらなる説明をし得た。また、前々節・前節のイニシへ／ムカシが両方ある例では、明らかな使い分け（およびその基準）を指摘できた。そうであればこそ、薄いながらも一書にまとめた本書の私見に対し、避けずに真正面からとり組んでもらいたい（せめて次章のⅡ・Ⅲ節くらいには対応してほしい）。一筋縄ではいくまいと予想するが、微力ながらも混乱を収束に向かわせる一助となれれば、幸甚である。

第五章　イニシへ断絶／ムカシ連続説でわかること（続）

―上代から中古の『土佐日記』『古今集』『後撰集』『伊勢物語』『竹取物語』への流れ―

Ⅰ　序

本章では、前章「イニシヘ断絶／ムカシ連続説でわかること―『日本書紀』『万葉集』『常陸国風土記』『伊勢物語』を例にして―」につづき、「イニシヘ断絶／ムカシ連続説でわかること」シリーズとして、上代におけるイニシヘ／ムカシの使い分けが中古の『伊勢』だけでなく『土佐日記』『古今集』『後撰集』『竹取物語』へも継承されていることを説く。前章の続編として、イニシヘ断絶／ムカシ連続説の優位とイニシヘ連続／ムカシ断絶説の劣位**[注1]**、すなわち、前者適用の妥当性に関し、適宜補足しつつ確認して、前者でこそ精確に理解できる例があることを説明し、イニシヘ／ムカシが両方ある例における明らかな使い分け（およびその基準）を指摘する。そうした役割を前章から引き継いでいるが、それをより広範囲で言えるよう、中古にさらに目を向ける次第である。また、「イニシヘ断絶／ムカシ連続説でわかること」シリーズのみならず、その前の「上代におけるイニシヘ／ムカシの使い分け」シリーズを含めた（後述）、本書最終章としての締め括り的役割も担う。

ちなみに、前章は、第一章「上代におけるイニシヘ／ムカシの使い分け―イニシヘ断絶／ムカシ連続説の妥当性および『伊勢物語』への流れ―」、第二章「上代におけるイニシヘ／ムカシの使い分け（続）―『常陸国風土記』にイニシヘ断絶／ムカシ連続説を適用することの妥当性―」、前々章「上代におけるイニシヘ／ムカシの使い分け（続々）―『日本書紀』にイニシヘ断絶／ムカシ連続説を適用することの妥当性（『古事記』にも触れて）―」、ときた「上代におけるイニシヘ／ムカシの使い分け」シリーズを、振り返って補足したり、新たな例示で補足したりしたものであった。同章では、たとえば、「中古のなかでも比較的早く成立した『伊勢』の殆どの場合に、イニシヘ断絶／ムカシ連続説が妥当と言え」るとして結んだ第一章の私見を踏まえ、『伊勢』において対をなすと考えられる六二／六〇段の各収録歌」が『過去を思い出せない』と詠む場合には断絶感・漠然性のイニシヘ、『過去を思い出せる』と詠む場合には連続感・明確性のムカシ使用になっている」点をとりわけ重視して、「イニシへ断絶／ムカシ連続説でこそ精確に理解できる例の一つと見なし」た**【注2】**。

もっとも、イニシへ／ムカシの使い分けは上代→中古で曖昧化が進行していて、そのことは第一章でも紹介した。たとえば、西郷信綱「神話と昔話」（『神話と国家　古代論集』昭52・6平凡社）の注のところにある、「平安朝になると」イニシへ／ムカシ「の区別はしだいにぼやけてゆ」く、といった指摘がそうで、本章でも、Ⅵ節で、『源氏物語』よりもやや早く」成立したとされる『落窪物語』の例や『源氏』の例**【注3】**、および、『拾遺集』『後拾遺集』の例を示し、そこらあたりで曖昧化が進んでくることを指摘する。

ただし、本章において、曖昧化の進行の指摘は、あくまで従であり、主ではない。主に当たるのは、曖昧化が進行する前の、「上代の例の名残と考えられる、上代に比較的近い頃の中古の例」**【注4】**、言い換えると、中古のなかでも比較的早い成立のもの、すなわち、日記なら『土佐』、歌集なら『古今』『後撰』、物語なら『伊勢』『竹取』を選んで、上代→中古におけるイニシへ／ムカシ使い分けの継承を指摘することである。具体的には、次節で、『土佐』『古今』『伊勢』におけるひとつづきあるいは準ひとつづきの箇所にイニシへ／ムカシが両方ある例をとりあげ、両語の一層明らかな使い分け（およびその基準）を指摘するとともに**【注5】**、イニシへ断絶／ムカシ連続説の優位とイニシへ連続／ムカシ断絶説の劣位＝前者適用の妥当性を示す。また、設定の変化に伴いイニシへ使用からムカシ使用になる異伝歌の例もとりあげ、同様な使い分け（およびその基準）や両者の優劣・前者の妥当性を指摘する。そして、次々節では、次節で見るイニシへ／ムカシの一層明らかな使い分け（およびその基準）を、そこでの例に新たな例を適宜加えつつ、個々の気持ちに応じて変わる可変的基準としてとらえなおす。さらに言えば、その基準は、可変的とは言え、イニシへ／ムカシの断絶感・漠然性／連続感・明確性で説明可能な（断絶／連続感と漠然／明確性が結び付く点に関しては注1参照）、イニシへ断絶／ムカシ連続説に帰結する法則性も有する。可変的基準を知るのにとどまらず、その可変性のなかにある法則性まで知るべきで、その点を明らかにする。つづくⅣ節では、『竹取』にある二つのムカシ使用例に注目し、なぜムカシ使用かをムカシ連続説で考えることが、読みを深化させられること、つまり、より精確に理解できることにつながる、と述べる（ムカシ連続説で深くかつ精確にとらえなおす、と換言可能）。加えて、『古今』『後撰』におけるイニシへ／ムカシの使い分けを詳述するⅤ節では、イニシへ連続／ムカシ断絶説と言える先行研究に対し、避けずに真正面からとり組む。

イニシへは現在との連続性において捉えられた過去であり、ムカシは現在と断絶している過去である。とまとめる吉野政治「イニシへとムカシの違い―古今集を中心とする考察―」（「同志社女子大学日本語日本文学」平19・6）に対し、正反対の自説＝イニシへ断絶／ムカシ連続説の立場から批判し、『古今』にイニシへ断絶／ムカシ連続説を適用することの妥当性を説く。また、『古今』の次の勅撰集『後撰』に関しても、同じことを説く。要するに、上代の例に関する私見を、『伊勢』の例に関する第一章や前章の私見を以て補足したように、中古のなかでも比較的早期の例に関する私見を以て補足する、あるいは、上代↓中古の継承を示すことで補足するのが、本章の主目的なのである。

なお、本章でとりあげる本文は、『新大系』によった『後撰』『拾遺』『後拾遺』と『集成』によった『伊勢』を除いて、『新編全集』によっており、歌集の歌番号と『伊勢』の章段番号以外は同書の頁数（および巻数）で示して、小字で示される箇所は対象外とした。

注1　イニシへ断絶／ムカシ連続説とは、遠く断絶感な過去あるいは漠然とした過去に対してはイニシへを使用し、近く連続感な過去あるいは明確な過去に対してはムカシを使用する、というもので、絶対的な時間の尺度だけでは見ず、心理的にどう感じているかを見る。後述する第一章が総論的位置づけになっていて、そこで、イニシへ連続／ムカシ断絶説やイニシへ同質／ムカシ異質説を批判し、イニシへ断絶／ムカシ連続説の妥当性を説いている。同章も併読されたい。

2　両段を、『伊勢』における、準ひとつづきの箇所にイニシへ／ムカシが両方ある例として、次節でまたとりあげる（後述）。なお、先行研究には、第一章の注のところや前章で紹介した、百井順子「『伊勢物語』の空間と時間―その歌物語的構造―」（平11・1「日本文学ノート」）がある。ここに記し、第一章の初出論文の段階で見落としていた点を詫びる。

3 『源氏物語』よりもやや早く」は、『日本国語大辞典　第二版』の「おちくぼものがたり」の項からの引用。

4 「上代の～」は、第一章で用いた表現。

5 ひとつづき・準ひとつづきの箇所、および、イニシへ使用からムカシ使用になる異伝歌を例にすれば、使い分け（およびその基準）が一層明らかになるものと思われる。

Ⅱ 『土佐日記』『古今集』『伊勢物語』と異伝歌におけるイニシへ／ムカシの一層明らかな使い分け（およびその基準）あるいはイニシへ断絶／ムカシ連続説適用の妥当性

本節では、ひとつづき・準ひとつづきの箇所にイニシへ／ムカシが両方ある『土佐』『古今』『伊勢』の例、および、設定の変化に伴ってイニシへ使用からムカシ使用になる異伝歌の例から、イニシへは心理的に遠く感じる過去、ムカシは近く感じる過去をさすことを述べ、そうした遠／近感あるいは断絶／連続感に漠然／明確性が加わることも述べる。そして、それらからわかる、両語の一層明らかな使い分け（およびその基準）を指摘した上で、イニシへ断絶／ムカシ連続説の優位とイニシへ連続／ムカシ断絶説の劣位＝前者適用の妥当性を示す。前節で予告したとおりであるが、特に本節・次節は、イニシへ連続／ムカシ断絶説派に反応してほしいところである。

ちなみに、イニシへ断絶／ムカシ連続説派には、主な『万葉』注釈書では伊藤博『全注』（一三番歌のところ）、辞書では『角川古語大辞典』『古典基礎語辞典』があり**［注6］**、対して、イニシへ連続／ムカシ断絶説派には、主な『万葉』注釈書では、伊藤『釈注』や（同じく一三番歌のところ）、一三・三七八番歌等でイニシへ連続説、三一番歌でムカシ断絶説を採る多田一臣『全解』**［注7］**、辞書では、『日本国語大辞典　第二版』『古語大鑑』がある。この、正反対の二説が並存する混乱は［注8］、先行研究に対し避けることなく真正面からとり組まない、学界に散見される不健全な土壌が招来した、と考えられ、収束は一筋縄ではいくまいと予想される［注9］。そんな厳しい現状からすると、私が前者に帰結させようとしても、健全な議論を経て収束に向かうとは期待し難く、本節・次節ひいては本書があろうと、私見に頷いてイニシヘ断絶／ムカシ連続説を採る研究者など出てきそうにない予感がするけれども、是々非々での議論がはじまる可能性を僅かでも残し、現状打開へとつなげるために、やるべきことはきっちりやっておきたい［注10］。

では、ひとつづきの箇所にイニシヘ／ムカシが両方ある例の一つ目として、『土佐』の例から見る（『新編全集』五〇～五一頁）。まず、「故惟喬親王」「故在原業平中将」ゆかりの地を偲ぶ場面が、

　その院、昔を思ひやりてみれば、おもしろかりけるところなり。しりへなる岡には、松の木どもあり。中の庭には、梅の花咲けり。

と記される。『伊勢』八二段に出てくる渚の「院」があり、「岡」には野生であろう「松」、「庭」には植えられたであろう「梅」があって、つづいて、「今、今日ある人」二者が、各々、次の「ところに似たる歌」を「よ」む（『新編全集』の訳では、「今、まさに今日ここに身を置く人が、この場にふさわしい歌を詠」む）。

　千代経たる松にはあれどいにしへの声の寒さは変はらざりけり

　君恋ひて世を経る宿の梅の花むかしの香にぞなほにほひける

前者は「いにしへ」、後者は「むかし」と、別々の語を用いている。右は、ひとつづきの箇所ゆえに、一層明らかな使い分けが言える（注5参照）。そして、その基準に関しては、以下のように考えれば、理解できるのではないか。すなわち、「千代経たる松」からわかるはるか遠い過去に対しては「いにしへ」、「君恋ひて世を経」た「梅」からわかるそこそこ近い過去に対しては「むかし」、と使い分けており［注11］、それは、遠／近感あるいは断絶／連続感（および、それらと結び付く漠然／明確性）で使い分ける基準の存在を意味する、というものである。ま

ず、前者の説明から。さすがに、「惟喬」「業平」の時代が「千代」を「経」ていると詠むはずはない。一般的に長寿のイメージを有し、ここでも「千代経たる」とされる「松」は、言わば歴史の証人のような立場から、「惟喬」「業平」時代も「今」もともに見ていて、はるか遠い過去＝「いにしへ」から「変はら」ぬ「声の寒さ」が右の両時点でも「変はら」ない、と詠んでいるように思う。はるか遠く断絶的で、漠然としてもいそうな過去に対し「いにしへ」を用いる点で、そのイニシへ使用は合っていると考え得る。一方、後者は、後述する、「むかしの人の袖の香」が変わらず「する」と詠む、連続感・明確性のムカシを使用する『伊勢』六〇段収録歌とも共通しているし、不変なまま連続（循環）して「なほにほひ」つづける自然を詠む点で、自然の不変・連続感を言う、V節で示す類例とも共通している（もちろん、自然の不変・連続感を言う点では、「変はらざりけり」と詠む前者も該当するが、こちらは、「松」の「千代経たる」点に合わせるべく、断絶感・漠然性のイニシへ使用になっているものと思われる）。後者の場合も、そのムカシ使用は合っていると考えられる。要するに、同場面にいる二者がそれぞれ「いにしへ」を含む歌と「むかし」を含む歌を詠むのは、対象とする景が、前者は「松」で後者は「梅」であるからにほかならず、そこには、それぞれを以て表現する各々の過去を遠／近感あるいは断絶／連続感や漠然／明確性で使い分ける基準が存在している。とにかく、ひとつづきの箇所にイニシへ／ムカシが両方ある右の例からわかるのは、イニシへ／ムカシの一層明らかな使い分け（およびその基準）であり、イニシへ断絶／ムカシ連続説の優位とイニシへ連続／ムカシ断絶説の劣位＝前者適用の妥当性なのである。

ひとつづきの箇所にイニシへ／ムカシが両方ある例の二つ目は、『古今』真名序にある。『新編全集』四二五頁では、「大津皇子」（663-686）ではじまる段落の前の、「人代」に入ってから仁徳「天皇」や聖徳「太子」が出てくる段落に、漠然とした総称的「古の天子」が出てくる。この例は、漠然性のイニシへ使用であると同時に、遠く断絶的な前時代に対する断絶感のイニシへ使用と見ていい。一方、同書四二八頁の和歌再興を思い立つに至る段落になると、冒頭は、次のように「古」ならぬ「昔」ではじまる。

昔、平城天子、侍臣に詔して万葉集を撰ばしむ。それより以来、時、十代を歴、数、百年を過ぎたり。

平城天皇は774-824、在位806-809。つまり、遠く断絶的で漠然とした前時代の過去に対しては、「古」を用い、一方、同じ中古内の、どれほど前か具体的に知ることが可能な、比較的近く連続的で明確な前時代に対しては、「昔」を用いるわけである。さらに言えば、「十代」「百年」という数は、たとえば、片桐洋一『全評釈』に従えばそのとおりで、まさしく具体的明確性を有するから、「昔、平城天子」は、漠然とした総称的「古の天子」と好対照をなす。『土佐』の例で見たような、遠/近感あるいは断絶/連続感や漠然/明確性が認められる点を、おさえておこう。そして、こちらでも、イニシヘ/ムカシの一層明らかな使い分け（およびその基準）を指摘できて、イニシヘ断絶/ムカシ連続説の優位とイニシヘ連続/ムカシ断絶説の劣位＝前者適用の妥当性を示し得る。

同様なことは、ひとつづきの箇所にイニシヘ/ムカシが両方ある例の三つ目である『古今』仮名序にも、当てはまる。仮名序は、和歌が盛んであった時代を、遠く断絶的で漠然とした過去＝隔世の感ある時代と見なして、「古」を用いている。前述の真名序「古の天子」と同一視できる『新編全集』二二頁「古の世々の帝」、二四頁「古よりかく伝はる」、二五・二九頁に三例ある「古のことをも」、三〇頁「古を仰ぎて」、といった各「古」は（一＋一＋三＋一例で六例）、和歌が盛んであった時代をさし、遠く断絶的で漠然とした過去＝隔世の感ある時代と言える。仮名序は、断絶感・漠然性のイニシヘを使用し、隔世の感ある和歌隆盛時代を振り返っている。なお、イニシヘ使用の全七例中右にあげなかった一例は、二七頁の、『記』『紀』に出てくる伝説的人物「古の衣通姫」であり、真名序にも四二七頁に同語と『古今集』のころはすでに伝承上の人物で」あったと注される「古の猿丸大夫」があって（真名序はこれでイニシヘ/ムカシ使用の全三/一例をとりあげた）、遠く断絶的で漠然とした伝説的人物に対してはイニシヘ使用が基本と考えられる。第一章で、『万葉』歌中の「伝説の時代も故人生前の時代にほかならない」とした上で、「故人生前の時代あるいは故人自身に対し断絶感・漠然性のイニシヘ使用が基本」である点を指摘したとおり（前章で振り返った）、その「基本」はここにも当てはまるように思う。また、仮名序内から出て真名序の例との比較になるが、仮名序のこれらイニシへ使用例は、真名序内の漠然とした総称的「古の天子」と具体的明確性を有する「昔、平城天子」がイニシへ／ムカシの断絶感・漠然性／連続感・明確性で説明できたのと同じく、「昔、平城天子」と好対照をなしている。では、仮名序で唯一「昔」を用いる二三頁「男山の昔を思ひ出でて」との比較はどうかと言えば、このムカシ使用例は、経験内の過去に対するムカシ多用と符合する（経験外／内の過去に対するイニシへ／ムカシ多用が定説と言えるレベルにある点に関しては、第一章参照）。典拠は、次の『古今』八八九番歌である。

　今こそあれ我も昔は男山さかゆく時もありこしものを

右は、「この自分にも確かに男盛りの栄えゆく時代はあった」という気持ちを詠んでいるから、経験内の近く連続的な過去に対するムカシ使用と言えるし、「確かに～」と訳せるような明確性のムカシ使用とも言える。こちらの仮名序内における比較でも、イニシへ／ムカシで断絶感・漠然性／連続感・明確性となって、やはり、好対照をなす。要するに、仮名序において「古」六十一例があらわす過去／「昔」一例があらわす過去を比べると、『土佐』や真名序の例と同様な、遠／近感あるいは断絶／連続感や漠然／明確性が認められ、イニシへ／ムカシの一層明らかな使い分け（およびその基準）、そして、イニシへ断絶／ムカシ連続説の優位とイニシへ連続／ムカシ断絶説の劣位＝前者適用の妥当性がわかるのである。

　実は、ひとつづきの箇所にイニシへ／ムカシが両方ある例としては、『歌ことば歌枕大辞典』の「昔」の項にある次の例と指摘を第一章に示してある**【注12】**。同書同項には、

　いにしへのしづのをだまき繰りかへしむかしを今になすよしもがな

という『伊勢』三二段収録歌が例示され、

　序詞中の古代の織物の糸を繰る糸巻である「しづのをだまき」が「いにしへ」であるのに対して、自らのかつての恋の経験が「むかし」と詠まれているのは、両者の違いをよく表している

と指摘されている【注13】。これは、遠く断絶的で漠然とした過去＝隔世の感ある時代にはイニシへ、近く連続的で明確な過去＝隔世の感なき時代にはムカシ使用が基本、ということを「よく表している」例であり、ここからも、イニシへ／ムカシの一層明らかな使い分け（およびその基準）を指摘できるし、イニシへ断絶／ムカシ連続説の優位とイニシへ連続／ムカシ断絶説の劣位＝前者適用の妥当性を示すことができる。

つづいては、ひとつづきの箇所と言えないものの、準ひとつづきの箇所と言い得る両段の各収録歌に「むかし」「いにしへ」がある『伊勢』の例を、とりあげる。それは、第一章で論じ、前章で振り返った六二／六〇段で、両段は、ともに、都からの使者である主人公が、今は都落ちしている前婦に歌を詠み、主人公との経験内の過去を思い出させる、というかたちたちになっている。ただし、経験内の過去であるのは同じでも、各収録歌を見ると、経験内の過去に対し使用するのが基本のムカシで一致しているわけではなく、六二段はイニシへ、六〇段はムカシを使用する。ここで注目すべきは、六二段の前婦が過去を思い出せないほど変わり果てているのに比べ【注14】、六〇段の前婦がまだ思い出せる程度にとどまっている、という点である【注15】。前章では、次のように述べた。

特に注目したいのは、

いにしへのにほひはいづらさくら花こけるからともなりにけるかな

という六二段収録歌のイニシへ使用例と、

五月待つ花橘の香をかげばむかしの人の袖の香ぞする

という六〇段収録歌のムカシ使用例で、比較すると、―中略―イニシへ断絶／ムカシ連続説でこそ精確に理解できる例の一つと見なし得る―中略―。『伊勢』において対をなすと考えられる六二／六〇段の各収録歌は、「過去を思い出せない」と詠む場合には断絶感・漠然性のイニシへ、「過去を思い出せる」と詠む場合には連続感・明確性のムカシ使用になっているからで、―中略―明らかな使い分け（およびその基準）を指摘することができる。

右の準ひとつづきの例においても、これまでに見たひとつづきの例と同じく、遠／近感あるいは断絶／連続感や漠然／明確性が認められ、イニシヘ／ムカシの一層明らかな使い分け（およびその基準）がわかったり、イニシヘ断絶／ムカシ連続説の優位とイニシヘ連続／ムカシ断絶説の劣位＝前者適用の妥当性がわかったりする。

関連して言えば、次の例にも注目したい。ひとつづきの箇所でも準ひとつづきの箇所でもないけれど、もとはイニシヘ使用であった『万葉』歌が、設定の変化に伴い、『拾遺』収録の異伝歌でムカシ使用になる（いつ生じた異伝歌かは不明）、という例であり、イニシヘ使用例とムカシ使用例の間に遠／近感あるいは断絶／連続感や漠然／明確性が認められ、一層明らかな使い分け（およびその基準）を指摘できて、イニシヘ断絶／ムカシ連続説の優位とイニシヘ連続／ムカシ断絶説の劣位＝前者適用の妥当性を示すことができる。その点で、これまで見てきた例と同様に考え得る。まず、オリジナルの『万葉』一四四番歌に注目しよう。第一章では、『万葉』歌を対象に、

　故人への思いを主題とし、かつ、故人生前の時代あるいは故人自身にイニシヘを使用する例は、少なくない。

と述べ、

　一四四番歌の故「有馬皇子の変があった当時」には、―中略―「古」を用いている

と、一四四番歌もそうしたイニシヘ使用例に含めた。その歌は、「四十三年を経」て詠まれた（『新編全集』の注）、

　岩代の野中に立てる結び松心も解けず古思ほゆ

というもので、題詞によると、「長忌寸奥麻呂」が「結び松を見て哀咽する歌」である。つづいて、『拾遺』は、右の第五句「古思ほゆ」が「昔思へば」へと変わる異伝歌を八五四・一二五六番に有し（重出）【注16】、詞書も、作者名も、両例とも「題知らず」の「人麿」歌へと変わる。『新大系』の八五四番歌の注には、

　万葉集二・長意吉麿の歌の異伝。原歌は、後年に結び松を見て、有馬皇子の死を哀悼する歌であるが、ここは、結び松が単なる景物として詠まれ、過去の恋愛を回想する歌となっている。

とある。よって、「昔思へば」は、故「有馬皇子の変があった当時」とは関係なく、個人的な「過去の恋愛を回想」

して、経験内の過去に対し言っていると考えられる。ちなみに、『歌ことば』では、「結び松」の項に、

平安時代以降は、「結ぶ」「解く」の語とともに、恋歌に用いられるようにもなった。

とあり（傍点田口）、「結ぶ・掬ぶ」の項には、八五四番歌に関し、

本来、結び松を見て有馬皇子を追悼する万葉歌であるが、単に古く結ばれたものの形象となって「とけず」の序をなし、恋歌に詠み直されている。

とある（傍点田口）。そのような「恋歌」を「人麿」が詠んだ、と設定を変化させた異伝歌と見ていい。つまり、「四十三年」前の故人生前の時代を詠む『万葉』一四四番歌は、断絶感・漠然性のイニシヘ使用になり、対して、未だに「心も解け」ないまま「思」う、連続感ある経験内の過去を明確に詠む『拾遺』八五四・一二五六番歌は、ムカシ使用になるのであって、前述のとおり、これまでの例と同様に考えられるわけである。

以上、ひとつづき・準ひとつづきの箇所にイニシヘ／ムカシが両方ある例に加え、設定の変化に伴ってイニシヘ使用からムカシ使用になる異伝歌の例も見て、同じ結論を導き出せた。イニシヘ連続／ムカシ断絶説派に、これらが自説で説明可能か問いたい。イニシヘ断絶／ムカシ連続説適用が妥当と思われた上代からの継承を、認めざるを得ないのではないか。避けずに真正面からとり組んでほしい。もちろん、私見はほかにもあり、それらに全く無反応でも困るが、本書全体とまではいかずとも、せめて本節・次節の私見くらいには反応してもらいたい。

注6　『基礎語』の「むかし」の項および「いにしへ」の項は白井清子の担当で、白井には「イニシヘとムカシをめぐって」（「学習院大学上代文学研究」平10・3）もある。

7　多田に対しては、イニシヘ連続／ムカシ断絶説支持に関連して、頷けない点がある。梶川信行編・上代文学会監修『おかしいぞ！国語教科書　古すぎる万葉集の読み方』平28・11笠間書院に収録される「国語教育の危機」では、「まったく反対」な二説の「対立」を以て、高校「教科書編者」に対して「どのように指導したらよい」か「きちんとした説明を聞

きたい」と述べるが、理解できない。学界に散見される不健全な土壌ゆえ、健全な議論がはじまらず、「対立」＝混乱が収束に向かわないのに（後述）、自己批判せず高校「教科書編者」に「きちんとした説明を」求めるのは、国語教科書でなく自身が「おかしい」のではないか。そもそも、イニシへ連続／ムカシ断絶説の立場を明示して注釈書まで出しているにもかかわらず、高校「教科書編者」に「対立」を言うのも、矛盾している。このことは国語教育に関する拙稿「中高定番古典教材に関する動画講義も活用した具体的現状打開策―赤人富士讃歌で文法以外にも教えられる本質的かつ知的刺激に富む論の提供―」（『国語国文学報』平31・3）に書いた。右の多田論文とともに併読されたい。

8 第一章は、そのような二説並存の混乱を紹介するところからはじまっている。参照されたい。

9 「学界に散見される不健全な土壌」は前々章・前章で用い、「一筋縄ではいくまいと予想する」は前章で用いた表現。

10 前章では、正反対の二説が並存する混乱に対し、次のように述べた。

> 研究者が、自説にとって都合の悪そうな例や説から目を背け、是々非々での議論をはじめねば、この混乱は、収束に向かうどころか、一層拡大してしまうおそれさえある。さらに、私が批判してきたイニシへ連続／ムカシ断絶説の方に、勢いだけで流されてしまうかもしれない。

本書刊行以降は、イニシへ断絶／ムカシ連続説の先行研究として、本書の私見をしっかり踏まえてほしい。また、第一章で「私見と同じイニシへ断絶／ムカシ連続説の立場であっても、私見をしっかり踏まえ、それを乗り越えるかたちで、論を展開してもらいた」く望んだことは、前々章・前章の注のところでも「念押しの意味で記」しておいた。

11 そこそこ近い過去に対し「むかし」を用いる「君恋ひて世を経る宿の梅の花むかしの香にぞなほにほひける」ではあるが、V節で例示する、経験内の過去に対するムカシ使用で、かつ、人事の変化・断絶感と対比される自然の不変・連続感を言うのに適すムカシ使用、とは思われない。業平没年を880、紀貫之生年を872、『土佐』が記す時期を930-934とすると（以上『日本国語』による）、詠者の経験内の過去に対するムカシ使用とは考えられないから、経験外の過去に対するムカシ使用で、かつ、人事の変化・断絶感と対比される自然の不変・連続感を言うのに適すムカシ使用、ととるべきではないか。そして、その点は、やはりV節で例示する、伝説的過去を偲ぶ『古今』一四四番歌と共通する。

12　同書同項を見ると、「遥か彼方へ去っていってしまった」イニシヘ／「もっと近い、自らの回想や記憶の中」にあるムカシ、となるから（「古へ」の項にも同内容の指摘あり）、同書は、経験外／内の過去に対するイニシヘ／ムカシ多用を言っていることになる。第一章では、それが定説化している点も含めて紹介した。

13　これと第二句まで変わらない類例が、『古今』にある。次の八八八番歌である。

　いにしへの倭文の苧環いやしきもよきもさかりはありしものなり

この「いにしへ」も、『伊勢』三二段収録歌同様、隔世の感ある時代と思われる。ちなみに、『新編全集』は、たとえば、

　「倭文」は模様のある日本古来の織物の一種。

と、八八八番歌「倭文」に関し注しているし、第二句までの訳は次のとおりである。

　古代の「しずのおだまき」ではないが

右の訳にも、『伊勢』三二段収録歌に関する『歌ことば』の「昔」の項の指摘にも、「古代」とあるのは、頷ける。

14　変わり果てている場合にイニシヘを使用する六二段収録歌の類例を『万葉』歌のなかからさがせば、たとえば、

　眉根掻き下いふかしみ思へるに古人を相見つるかも

　古　ささきし我や　はしきやし　今日やも児らに　いさにとや　思はえてある

といった二六一四・三七九一番歌が、該当する。両例に関しては第一章で論じたが、ともに経験内の過去を詠んでおり、一見ムカシ使用でよさそうに映るけれど、遠く断絶的で漠然とした過去として見たい気持ちでいるためにイニシヘを使用すると考えられ、その点で六二段収録歌と共通している。前者は、「関係の絶えていた以前の夫の思いがけない来訪」ゆえに、後者は、「老」いさらばえた「翁」が華やかなりし青年時代と現況の落差を詠むゆえに、経験内の過去に対してであっても、隔世の感を表現できるイニシヘを使用すると考えられる。

15　両段では、各前婦の愚かさ・零落の程度の差に応じて、主人公の難じ方に差が出ている。そのことは拙稿「伊勢物語相

補論序説Ⅰ―章段単位での考察―」(『伊勢物語相補論』平15・9おうふう)で論じてあるので、参照されたい。

16 『古今』以外にも言及する吉野は、『拾遺』に重出する両例に関し、次のように述べている。

「昔」と書かれイニシへと訓まれている例がある

しかし、吉野がよった『新大系』を見ても、『新編国歌大観』を見ても、前者が一二五六番歌に「(いにしへ)」と傍記するのみで、それは、凡例によると、「参考のために、漢字の読み―中略―を示す場合は、( )に入れて、右側に傍記した」ものにすぎず、「( )に入れ」ない「もとの仮名を振り仮名の形で残した」ものではないため、音数で考えた校注者の誤りと思われる。『拾遺』の頃に「昔」とあれば、それを音数より重視して「むかし」と読むべきであろうし、片桐『拾遺和歌集の研究』昭45・12大学堂書店でも、右と同じ京都大学付属図書館蔵中院通茂本は両例「昔おもへは」であるが、異本第二系統には両例「むかしおもへは」とある(異本第一系統は「君に逢ねは」「君にあはねは」とあって対象外となるものの、一二五六番歌の比較に用いた天理図書館甲本には「むかしおもへは」とある)。右の吉野説は、成り立たない。

Ⅲ　個々の気持ちに応じて変わる可変的基準とその可変性のなかにある法則性

本節では、前々節で予告したとおり、前節で見たイニシへ/ムカシ使い分けの基準を、前節の例に新しい例を適宜加えつつ、個々の気持ちに応じて変わる可変的基準としてとらえなおす。言い換えると、たとえば、「約何年以上は~/以下は~」といった絶対的な時間の尺度だけではとらえきれない可変性を、個々の心理あるいは主観の相違にどう影響されるかに注目して論じる。また、その基準は、可変的ではあるけれど、可変性のなかに法則性も有し、それは、上代から継承されてきたイニシへ/ムカシの断絶感・漠然性/連続感・明確性で説明できる、イニシへ断絶/ムカシ連続説に帰結するものである。そうしたことも、論じていく(こちらも併せて予告した)。

さて、正反対の二説、すなわち、イニシへ断絶/ムカシ連続説とイニシへ連続/ムカシ断絶説が並存したまま、混乱が収束に向かわないのは、前節で述べたとおり、学界に散見される、先行研究に対し避けることなく真正面からとり組まない不健全な土壌のせいと考えられるが、混乱させているおおもとの理由をさぐれば、イニシへ／ムカシを使い分ける基準が、絶対的なものではなく、ケースバイケース的な可変的なものであるから、という点にたどり着くように思う。個々の気持ちに応じて変わる可変的基準を明らかにした上で、その可変性のなかにある法則性も明らかにし、もつれた糸を解きほぐすごとく、混乱を収束に向かわせたい。個々の気持ちを各文脈から読みとり、その可変性のなかに断絶感・漠然性のイニシへ／連続感・明確性のムカシ使用で説明可能な法則性も見出す本節は、前節に劣らず、本書のなかでも特に重要なところと言える**【注17】**。

ただし、予め断っておくと、前節の例に新しい例を適宜加えつつ考えていく本節でも、『土佐』において二者が詠んだ「千代経たる松」に関する「いにしへ」歌と「君恋ひて世を経る宿の梅」に関する「むかし」歌は、振り返らない。「いにしへ」と「むかし」がともに「惟喬」「業平」の時代をさすわけではないからである。本節で見たいのは、客観的には似たような過去に対し、どんな気持ちでいるかという個々の主観の相違が、イニシへ／ムカシ使用いずれかに定まらない可変的基準を招来するケース。同場面であっても、異なる対象「松」「梅」を以て表現する各々の過去が異なるそれは、客観的には似たような過去という点が当てはまらないため、とりあげない。

もちろん、右のケースに該当しない点で同様と言える前節の例は、やはり、とりあげない。前節の例でとりあげるとすれば、断絶感・漠然性のイニシへを使用して、隔世の感ある和歌隆盛時代を振り返っていた『古今』の真名序「古の天子」、および、それと同一視できる仮名序「古の世々の帝」等に関し（「等」は、仮名序の「古よりかく伝はる」「古のことをも」「古を仰ぎて」および「古の衣通姫」を含むことを意味する）、同じ和歌隆盛時代にムカシを使用する新たな例と比較しつつ、振り返る。また、経験内の近く連続的な過去あるいは明確な過去に対しムカシを使用していた仮名序「男山の昔」、および、その典拠たる『古今』八八九番歌「今こそあれ我も昔は男山さかゆく時もありこしものを」に関し、詠者はちがえど同じく経験内の過去に対する、『伊勢』六二段収録歌

「いにしへのにほひはいづらさくら花こけるからともなりにけるかな」、および、その類例として注14で触れた『万葉』二六一四・三七九一番歌にある「眉根掻き下いふかしみ思へるに古人を相見つるかも」「古　ささきし我や　はしきやし　今日やも児らに　いさにとや　思はえてある」と比較しつつ、振り返る。そして、六二段収録歌をとりあげる関係で、六二段と準ひとつづきの六〇段にある対照的な収録歌「五月待つ花橘の香をかげばむかしの人の袖の香ぞする」も、当然、比較例として振り返る。なお、前節でとりあげなかった新たな例では、『常陸』をとりあげ、第二章で論じたイニシへ／ムカシ使用例を比較し、前節ならぬ第二章を振り返る。

まず、客観的には似たような過去どころか、客観的に同じ過去に対し、どんな気持ちでいるかという個々の主観の相違が、イニシへ／ムカシ使用いずれかに定まらない可変的基準を招来するケースから。断絶感・漠然性のイニシへを使用し、和歌隆盛時代を隔世の感ある時代と見なす『古今』の真名序「古の天子」や仮名序「古の世々の帝」等の場合は、イニシへ断絶説適用が妥当であったが、実は、同じ和歌隆盛時代なら必ずそう見なしてイニシへを使用するとは限らない。『古今』でも、次の一〇〇三番歌は、和歌隆盛時代の「人麿」の時代に対し、

あはれ昔へ　ありきてふ　人麿こそは　うれしけれ　身は下ながら　言の葉を　天つ空まで　聞えあげ　末の世までの　あととなし　今もおほせの　くだれるは　塵に継げとや　塵の身に　積もれる言を　問はるらむ

と、イニシへならぬムカシへを使用する。ちなみに、右からは、彼を和歌隆盛時代を代表する先達と見なしていることがわかるが、そうしたあり方は、仮名序にも認められ、『新編全集』二四〜二五頁の段落冒頭には、

古よりかく伝はるうちにも、ならの御時よりぞひろまりにける。かの御世や歌の心をしろしめしたりけむ。かの御時に、正三位柿本人麿なむ歌の聖なりける。これは、君も人も身を合はせたりといふなるべし。

とある。この「古」は、同書二二〜二四頁の前段落冒頭「今」と対応するもので、「古」の「うち」に「ならの御時」が含まれると考えられる（「ならの御時」に関しては、「柿本人麿・山部赤人が仕えていたというのであるか

ら、仮名序の『ならの御時』は―中略―奈良（広義）に居住したみかどの総称的な言い方」ととる竹岡正夫『全評釈』の説が妥当と思われるので、「奈良（広義）に居住したみかど」の「御時」として論を進める）。また、三〇頁の仮名序最後の段落の冒頭・末尾は、次のようになっている。

　人麿亡くなりにたれど、歌のこととどまれるかな。

　古を仰ぎて今を恋ひざらめかも。

「人麿」が代表格であった和歌隆盛時代＝「古」の「歌のこと」が、『古今』編纂時である「今」に「とどま」っている、というわけである。となれば、同一の時代、しかも、同一人物が代表格であった同一の時代に対し、一〇〇三番歌は「昔」、仮名序最末尾は「古」を用いていることになる。こうしたイニシヘ／ムカシ使用いずれかに定まらない可変的基準は、個々の主観の相違に影響されるのではないか。各々、どんな気持ちでいるか考えたい。

　はじめに、ムカシへを使用する一〇〇三番歌の、「末の世までの　あととなし」「塵に継げとや」に注目する。ここでの「人麿」は、和歌隆盛時代の代表的先達ではあっても、隔世の感ある時代の断絶的かつ漠然とした先達でなく、「末の世」＝「今」へとつながる連続感を有し、「あと」＝手本として後「塵」を拝すべき明確性も有する、連続感・明確性のムカシ使用、あるいは、ムカシ連続説適用が妥当な先達である。換言すれば、そうした先達として見たい気持ちゆえに、ムカシへが使用される。たとえば、「あはれ昔へ　―中略―　うれしけれ」に関し、

　ああ、昔に確かに居たという柿本人麿こそは、ありがたい人です。

と『新大系』が訳すのは（傍点田口）、右の明確性をうまく訳せているように思う。第一章で、『万葉』歌を例に、

　漠然とではなく、明確に信じ、イメージし、頷くのは、はるか遠い過去の、絶対的に遠く断絶的で漠然とした事象でも、心理的に近く連続的で明確と感じるからで、そこで「昔」が用いられれば、ムカシ断絶説でなくムカシ連続説が妥当

とまとめたとおりのあり方は（第二章や前章で振り返った）、『古今』一〇〇三番歌にも受け継がれている。

それと同様ととれる最末尾「古を仰ぎて」中の「古」、ひいては、真名序「古の天子」や仮名序「古の世々の帝」等の「古」は、どうか。前述のとおり、右は、断絶感・漠然性のイニシへを使用し、和歌隆盛時代を隔世の感ある時代と見なしていたから、隔世の感ある時代の断絶的かつ漠然とした先達と見たい気持ちでいると考えられる。

要するに、『古今』において、客観的には同じ和歌隆盛時代の過去をさしながらも、イニシへ／ムカシへ使用いずれかに定まらない可変的基準があるのは、個々の主観の相違に影響された結果と思われる。「人麿」が代表格であった和歌隆盛時代に関して言うなら、彼を隔世の感ある時代の断絶的かつ漠然とした先達と見たい場合は、イニシへを使用するし、「末の世」＝「今」へと連続する、「あと」＝手本として後「塵」を拝すべき明確な先達と見たい場合は、ムカシへを使用する。個々の気持ちを各文脈から読みとりさえすれば、その可変性のなかに、断絶感・漠然性のイニシへ／連続感・明確性のムカシを使い分ける法則性も見出し得る。ゆえに、その法則性を見出すために個々の気持ちを各文脈から読みとる必要が出てくるし、それは、次節で述べる、読みの深化、つまり、より精確な理解を可能にするはずである。

次は、仮名序のムカシ使用例「男山の昔」、および、その典拠たる『古今』八八九番歌にある「昔は男山」を、振り返る。ともに経験内の過去に対してムカシを使用する両例から読みとるべきは、「この自分にも確かに男盛りの栄えゆく時代はあった」という気持ち、すなわち、自分が男盛りであった時代を近く連続的で明確な過去として見たい気持ちである。そして、そのような気持ちでいるなら、連続感・明確性のムカシ使用、あるいは、ムカシ連続説適用は、妥当と言える。対して、経験内の過去という点で「男山の昔」「昔は男山」と「客観的には似たような過去」に当たる例として、経験内の過去でありながらも「過去を思い出せない」と詠む『伊勢』六二段収録歌、および、その類例として注14で触れた、ともに「経験内の過去に対してであっても、隔世の感を表現できるイニシへを使用する」例、すなわち、『万葉』二六一四・三七九一番歌を振り返ると、こちら側の例は、みな、経験内の過去なのに経験内の過去でないようにイニシヘを使用して詠んでおり、注14では、「遠く断絶的で漠然とした過去として見たい気持ちでいるためにイニシヘを使用する」と述べた。そして、そのようにイニシヘ断絶説適用が妥当であれば、「男山の昔」「昔は男山」と、好対照をなす。また、六二段はムカシ使用の六〇段と準ひとつづきで、六二／六〇段の各収録歌は、「『過去を思い出せない』と詠む場合には断絶感・漠然性のイニシヘ、『過去を思い出せる』と詠む場合には連続感・明確性のムカシ使用になっていい」たから、その比較から言っても、ひいては、六〇段収録歌を「男山の昔」「昔は男山」と同じ側に置いての比較から言っても、六二段収録歌を含むイニシヘ使用例の側と六〇段収録歌を含むムカシ使用例の側の対照性は揺らがないと考えられる。まさに、客観的には似たような過去に対し、どんな気持ちでいるかという個々の主観の相違が、イニシヘ／ムカシ使用いずれかに定まらない可変的基準を招来するケースと言える。個々の気持ちを各文脈から読みとり、その可変性のなかに、断絶感・漠然性のイニシヘ／連続感・明確性のムカシを使い分ける法則性も見出すことは、ここでもできた。

では、前節でとりあげた例を振り返るのは終えて、前述のとおり、今度は、第二章でとりあげた『常陸』を振り返ろう。実は、同章の前の第一章で、『風土記』にケースバイケースで考えるべきイニシヘ／ムカシ使い分けの例があることを指摘し、その流れで、つづく第二章において『常陸』に関し詳述したのであるが、前章で振り返った第二章の私見を端的にまとめた次の箇所のみ引用する。

明確に記録しない（漠然と伝承する）非中央性に対しては漠然とした「古」「上古」「古昔」を用い、明確に記録する中央性に対しては明確な「昔」を用いる。そうしたイニシヘ／ムカシ使い分けの基本方針によって、中央性を際立たせる『常陸』の独自性は成り立っていた。

『風土記』の場合、『豊後』『肥前』『播磨』のムカシ偏重に比べ、『常陸』は、イニシヘ／ムカシの使い分けがわかりやすい点で、目立っている。『常陸』においてイニシヘ／ムカシを使用される過去がそれぞれどの程度遡るかを見ると、どの程度遡るならいずれを使用するか、という絶対的すなわち客観的な時間の尺度だけで定められる基準は認められず、同程度遡っていると見なせそうな、客観的には似たような過去に対しては、やはり、どんな気持ちでいるかという個々の主観の相違が、イニシヘ／ムカシ使用いずれかに定まらない可変的基準を招来するものと思われる。すなわち、中央性を際立たせたくない／際立たせたい、あるいは、明確に記録したくない／記録したい、といった気持ちに応じて、言い換えると、そういった主観の相違に影響されて、イニシヘ／ムカシ使用いずれかに定まらない可変性が生じ、当然、そのなかには、イニシヘ／ムカシを不明確＝漠然／明確性で使い分ける法則性も見出せる（漠然／明確性でイニシヘ／ムカシを使い分けているなら、イニシヘ断絶／ムカシ連続説適用が妥当とわかる）。『常陸』の場合、イニシヘ／ムカシを使い分けて中央性を際立たせたい、という気持ちを各文脈から読みとらねばならないのであって、『常陸』の例も、これまでの例と同様に見ていい。

以上、個々の気持ちに応じて変わる可変的基準を明らかにできれば、混乱のおおもとの理由がわかるし、その可変性のなかに法則性もあることを明らかにできれば、もつれた糸を解きほぐすごとく、混乱を収束に向かわせる道筋が見えてくる。そして、その法則性を断絶感・漠然性のイニシヘ／連続感・明確性のムカシ使用で説明できるなら、イニシヘ連続／ムカシ断絶説ならぬイニシヘ断絶／ムカシ連続説への帰結も言えるのである。

注17　せめて前節・本節には反応してほしい旨前節で述べたが、どちらか一方ではなく、両方セットで反応してもらいたい。

Ⅳ　なぜムカシ使用なのかを考えることで可能となる読みの深化あるいはより精確な理解

Ⅰ節において、「Ⅳ節では、『竹取』にある二つのムカシ使用例に注目し、なぜムカシ使用かをムカシ連続説で考えることが、読みを深化させられること、つまり、より精確に理解できることにつながる、と述べる」とも、「ムカシ連続説で深くかつ精確にとらえなおす」とも予告したとおり、本節では、『竹取』にある二つのムカシ使用例をとりあげ、右の予告が可能なことを示す。

ただし、それらを論じる前に、前々節で「いにしへ」歌・「むかし」歌を論じた『土佐』に関し、「いにしへ」歌・「むかし」歌以外を見ておきたい。『土佐』の場合、「いにしへ」歌を除く全例が、ムカシ使用になっている。まず、『新編全集』三一・三三・四〇・五〇頁の地、の、文、中にある「昔」四例は、記録的性格の強い日記らしい、ムカシ連続説に帰結する明確性あるいは記録に適す特質ゆえのムカシ使用ととれる（「ムカシ連続説に帰結する明確性あるいは記録に適す特質」は、第一章以来繰り返し述べてきた）。次に、同じく地の文中にある二八・四四・四六・五一頁の「昔へ人」「昔の人」「昔の子」の四例も、一見、出発直前に亡くした子が変わらず心中にあるのがわかる、心理的に近く連続的で明確な故人に対するムカシ使用に映るものの**[注18]**、物語ならぬ日記の、しかも、地の文中にある点を考えると、記録として全体を統一しようとする筆者のムカシ使用ととれる。要するに、地の文におけるムカシ使用の四十四例に関しては、記録として日記を書く筆者による全体的統一意識で説明できてしまい、気持ちを考えて深くかつ精確にとらえなおすまでもないわけである。残るは四一・五〇頁の話、し、言、葉、中にある二つのムカシ使用例であるが、前者は、経験内の過去に対するムカシ多用と符合する、話者「女」が経験した過去に対するムカシ使用ととれるし、

これ、昔、名高く聞こえたるところなり

とある、「名高く」て断定の「なり」が用いられる後者は、話者「人々」による、明確性あるいは記録に適す特質ゆえのムカシ使用ととれる。これら地の文中ならぬ話し言葉中の例なら、「いにしへ」歌・「むかし」歌とともに、日記筆者の全体的統一意識によるムカシ使用ととらなくていい。とは言え、両例も、なぜムカシ使用なのかが比較的簡単にわかり、やはり、気持ちを考えて深くかつ精確にとらえなおさねばならないほどのものではない。

ならば、なぜイニシヘ／ムカシ使用なのかが比較的簡単にはわからない、気持ちを考えて深くかつ精確にとらえなおさねばならないほどの例とは、どのようなものか。私は、『竹取』にある二つのムカシ使用例を思い浮かべ

る。それらは、「火鼠の皮衣」の代金を追加請求する「王けい」からの手紙のなかに、次のように出てくる。

火鼠の皮衣、からうじて人をいだして求めて奉る。今の世にも昔の世にも、この皮は、たやすくなき物なりけり。昔、かしこき天竺の聖、この国に持て渡りてはべりける、西の山寺にありと聞きおよびて、朝廷に申して、からうじて買ひ取りて奉る。

『新編全集』では三八〜三九頁にあり、同書は「この国」を「この唐土の国」と訳す。重要なのは、手紙中であって地の文中ではない点（この手紙は、地の文より話し言葉の側にあるものととる）。そこには、差出人「王けい」の気持ちが反映されているはずで、その反映されていると思われる両「昔」に関し、以下、述べていく。

まず、「今の世」と対をなす「昔の世」は、はるか遠い過去を含むと考えられ、たとえば、『紀』を論じた前々章の「古も今も達へる則」の「古」に類しており（『新編全集』一巻三四五頁）、そうした〈隔世のイニシヘ〉を本来使用すべきでは、と一瞬思いたくなる。また、「昔」につづく「かしこき天竺の聖」にしても、前々章で論じ、前章で振り返った『万葉』歌中の「聖」や『紀』の「聖王」「聖帝」等がイニシヘと結び付いていたことも考え併せれば、同じく、本来なら断絶感・漠然性のイニシヘを使用すべきでは、と一瞬思いたくなる。けれども、ともにイニシヘ使用ならぬムカシ使用になっている。本来はイニシヘ使用でもよさそうであるとすると、イニシヘ／ムカシ使用いずれかに定まらない可変的基準の存在を認めねばならないし、その可変性なかに右の両「昔」を用いる理由＝法則性も見出せるか考えねばならない。そして、その法則性を見出すには、「王けい」の気持ちを文脈から読みとる必要が出てくる。それこそが、読みの深化あるいはより精確な理解を可能とすることのように思う。

一体、「王けい」の気持ちとは、何か。「王けい」は、「火鼠の皮衣」を明確に本物と信じ込ませたい気持ちでいるはずで、明確性のムカシを使用して表現したいことは「火鼠の皮衣」の明確な本物らしさと見ていい。関連して言えば、やはり前々章で論じた『紀』の「昔、高麗〜」「曩者、西土の君〜」は（同書三巻一八一・一八五頁）、「道登法師」「天皇」の話し言葉中にあり、それらに関しては、「一般的には信じ難い瑞獣・瑞鳥の出現を明確に信じて吉兆と断じているため、明確性が認められ」た。瑞獣・瑞鳥出現の過去に対する明確性のムカシ使用例があるなら、「火鼠の皮衣」を明確に本物と信じ込ませたい「王けい」のムカシ使用も、同様な明確性のムカシ使用例ととれる。そうしたムカシ使用であると知ることは、すなわち、なぜムカシ使用なのかをムカシ連続説で考えて法則性を知ること、と換言し得る。本節では、「王けい」の気持ちを文脈から読みとって法則性を見出し、読みの深化あるいはより精確な理解につなげられたのであった。

とは言うものの、まだ確認しておかねばならない問題がある。その一つ目は、日記筆者による全体的統一意識が認められた『土佐』のように、『竹取』にも物語作者による全体的統一意識が認められるか、という問題であり、もし認められれば、なぜムカシ使用なのかが比較的簡単にわかり、気持ちを考えて深くかつ精確にとらえなおさねばならない例ではなくなってしまう。『竹取』の場合、記録的性格の強い日記ならぬ物語なのに、イニシへ使用例はなく、ムカシ使用例ばかりで、イニシへ使用例（「いにしへ」歌）が一つある『土佐』よりムカシ使用率が高い。しかし、問題ないと考える。前述した手紙中の両「昔」以外の例は、一七・六〇・六五頁にムカシ使用例が三つあり、それらのなかから、物語作者による全体的統一意識が認められそうな、地の文における明確性あるいは記録に適す特質ゆえのムカシ使用例をさがすと、一七頁冒頭の常套表現「いまはむかし」が唯一検討の対象となる。けれども、一例だけでは物語作者による全体的統一意識があるか判断できない上に、常套表現なら、気持ちを考えて深くかつ精確にとらえなおすまでもない。残る六〇・六五頁の二例は、地の文中ならぬ話し言葉中に、

みやつこまろが手にうませたる子にてもあらず。昔、山にて見つけたる。

昔の契りありけるによりてなむ、この世界にはまうで来たりける。

とある。話し言葉中のこれらは、全体的統一意識によるムカシ使用ではないと思われるから（前述した『土佐』の話し言葉中にあるムカシ使用の両例と同じ）、気持ちを考えて深くかつ精確にとらえなおさねばならないほどの例か、という点が気になってくる。それが確認しておくべき二つ目の問題であるが、前者は、経験内の過去に

対するムカシ多用と符合する、話者「翁」が経験した過去に対するムカシ使用ととれるし、『新編全集』が「昔の契り」を「前世の宿縁」と訳す後者に関しては、第一章の注のところで述べた次の私見が参考になる。

　前世とは、近くないけれど連続的な過去なので、ムカシ連続説に帰結する

ここでは、話者「かぐや姫」にとっての、「近くないけれど連続的な過去」である「前世」を言っていて、連続感ゆえのムカシ使用ととれる。これらも、なぜムカシ使用なのかが比較的簡単にわかる、気持ちを考えて深くかつ精確にとらえなおさねばならないほどの例ではないため、注目すべきは、前述の両「昔」のみとなる。

イニシヘ断絶／ムカシ連続説で説明可能なイニシヘ／ムカシの使い分けは、上代↓中古で継承された。そう念頭に置いた上で、背景にどんな気持ちがあるかを文脈から読みとり、法則性を見出そうとしていれば、中古のなかでも比較的早く成立した『竹取』等を読む際に、役立つことがあるものと思われる。『竹取』の手紙中にある両「昔」を例に、なぜムカシ使用なのかをムカシ連続説で考えたところ、読みの深化あるいはより精確な理解につなげられたし、それは、ムカシ連続説で深くかつ精確にとらえなおすことでもあった。たとえば、第一章で論じ、前章や本章で振り返ってきた『伊勢』六二／六〇段の各収録歌も、「イニシヘ断絶／ムカシ連続説でこそ精確に理解できる例の一つと見なし得」たが、イニシヘ連続／ムカシ断絶説でなくイニシヘ断絶／ムカシ連続説でなぜイニシヘ／ムカシ使用なのかを考えることは、読みの深さや理解の精確さの追求につながる。『竹取』なら手紙中の両「昔」、『伊勢』なら六二／六〇段各収録歌中の「いにしへ／むかし」を今後とりあげる際には、そう思って臨みたいものである。

注18　心理的に近く連続的で明確な故人に対するムカシ使用例、あるいは、変わらず心中にある故人に対するムカシ使用例としては、第一章や前章の注のところで、

　比較的近時に他界した、折に触れ何度も強く「思」い出される、心理的に近く連続的で明確な故「人」

と述べた「昔の人」に対する、『万葉』四四八三番の、

移り行く時見るごとに心痛く昔の人し思ほゆるかも

という歌が思い浮かぶ。変わらず心中にある故人の過去に対しては、ムカシ使用になると考えられる。なお、次節でとりあげる望月論文は、注のところで『土佐』の「昔へ人」「昔の人」をあげ、前者を「忘れようにも忘れることのできない亡き人」、後者を「恋しい亡き人、心引かれる故人」ととっている。念のため、紹介しておく。

V 『古今集』『後撰集』にイニシへ断絶／ムカシ連続説を適用することの妥当性

『古今』『後撰』におけるイニシへ／ムカシの使い分けを詳述するのが本節であるが、『古今』に関しては、I節で予告した際に述べたとおり、先行研究としてイニシへ連続／ムカシ断絶説と言える吉野説があるため、それをイニシへ断絶／ムカシ連続説の立場から批判して、『古今』へのイニシへ断絶／ムカシ連続説適用が妥当なことを説く。そして、つづいて、『後撰』も『古今』同様であることを説く。また、『古今』では、吉野説以外に、

いにしへの野中の清水ぬるけれどもとの心を知る人ぞくむ

という八八七番歌に関する、内田順子「いにしへの野中―古今集歌と『類聚国史』所載の古歌―」(「中古文学」平17・5)も先行研究と言える。「いにしへの野中」をどこかに特定できるか、といった本論に前置される国語学部分が該当し、その国語学部分に従えないことも述べる(「いにしへの野中」の場所特定に関する判断は保留)。

はじめに、吉野の対象の決め方に関し、批判しよう。『古今』におけるイニシへ／ムカシ使用例のとらえ方に関する批判は後述するとして、まずは、対象の決め方に絞り、従えないことを述べる。

吉野は、「本稿での調査対象」で、

両語の違いは最も古い上代の用例から検討すべきであるが、上代の用例で、万葉仮名で書かれた例は少なく、

イニシへは九例、ムカシは二例しかない。用例の殆どは「昔」「古」「往古」「古昔」「従来」などの正訓字で書かれており、ムカシともイニシへとも訓み得るものが多い（観智院本類聚名義抄にも「昔」「古」ともにムカシ・イニシへの訓を載せる。仏中八九・仏中六三）。

と述べてから、

したがって、平安時代以降の仮名書きの例の検討によって得られる違いを上代の仮名書き例について適用してみて、同様の結果が得られるなら、さらにその区別を正訓字の訓みに応用するしかない。

とつづける。その後、次節でも詳述するイニシへ／ムカシ使い分けの曖昧化に触れると、

したがって、本稿では平安時代の初期の資料である古今集（九〇五年成立）の用例について検討する

と述べ、対象を『古今』に限定する。では、そうやって限定して導き出した結論がほかにも適用できるかを広く深く例に当たりつつ調べているかと言えば、先送りしているようで、「正訓字の訓み」への「応用」の可否はわからない論文となっている。そもそも、イニシへ／ムカシ使い分けの問題で知りたいのは、『古今』にとどまらない、上代↓中古の継承のなかでどうなのか、ということのはずである。それを考える順序は、私見のように上代↓中古と下っていっても、吉野が言うように中古↓上代と上っていっても、結果的に広く深く例に当たりつつ調べるものとなっていればよく、言い換えると、そのように調べていかないなら、『古今』に限定して結論を導き出したところで、どうかと思う。本書では、実は、総論的な第一章で「正訓字」の例にも「万葉仮名」の例にも多く目配りしているのであるが、そのような目配りが、ある程度はほしかった。私見以外でも、たとえば、後述する望月論文の「上代のムカシ」には、次のようにある。

仮名書きの例に重点をおきながら、訓に異説のない訓仮名の例も含めて、用例を分析、考察し、合わせて、補助的資料として平安時代の用例を活用し、ムカシの意味の展開の流れの上に立って、上代の用法を見定めていく

このような対象の決め方が妥当なのでは、と考える。

ちなみに、「いにしへ／むかし」どちらの読みを採るべきかに関しては、前章において、

歌の場合は、音数に合うよう「いにしへ／むかし」どちらかの読みを選べばいい

とか、

類例を見つけられれば、「いにしへ／むかし」どちらの読みを採るべきかわかる

とか、

類例をさがせなくても、断絶感・漠然性のイニシへ使用に該当するか連続感・明確性のムカシ使用に該当するかわかれば、結論づけられるわけで、今後、原文＝漢字をどう読むか決める際は、イニシへ断絶／ムカシ連続説に当てはめればいい

とか述べた。「正訓字」の例も「万葉仮名」の例もある前章までを振り返ると、私が支持するイニシへ断絶／ムカシ連続説の適用の可否は、可と出ている。

私見ばかりではない。定説と言えるレベルにある経験外／内の過去に対するイニシへ／ムカシ多用は、「正訓字」の例を対象とする範囲で、定説化していた。吉野論文の前に、第一章の初出論文「上代におけるイニシへ／ムカシの使い分け―イニシへ断絶／ムカシ連続説の妥当性および『伊勢物語』への流れ―」（「国語国文学報」平27・3）はまだなかったものの、たとえば、同稿で「イニシへ／ムカシの断絶感・漠然性／連続感・明確性をうかがい知ることができる指摘」として援用した、経験外／内の過去に対するイニシへ／ムカシ多用を説く望月郁子「イニシへ・ムカシ考」（「常葉女子短期大学紀要」昭44・11）はあったし、そう説いている、あるいは、そう説いていると見なせる辞書には、『日本国語』や『角川古語』『歌ことば』もあった（第一章参照）。吉野は、望月論文に関し、「用例に即して最も詳しい考察がなされ」た先行研究として紹介しているだけに（傍点田口）、自身も、望月の示す「用例に即し」、「詳し」く「考察」すべきであったはずである。「正訓字」の例を対象とする範囲

で明らかに認められていた傾向に対し、避けることなく真正面からとり組む必要があったのではないか。

また、吉野が依拠した「観智院本類聚名義抄にも『昔』『古』ともにムカシ・イニシへの訓を載せる」という点に対しても言うなら、『新編全集』の『万葉』『記』『紀』『風土記（播磨・出雲・常陸）』『霊異記』で「いにしへ／むかし」どちらかに読む「昔」「古」を調べると、「昔」は「むかし」、「古」は「いにしへ」と例外なく読まれていて、「『昔』『古』ともにムカシ・イニシへの訓」で混乱してはいない。そして、後述するように、中古のなかでも比較的早い成立の『古今』（および『後撰』）におけるイニシへ／ムカシ使い分けに関しても、イニシへ断絶／ムカシ連続説適用が妥当と思われた上代からの継承が認められる。

以上から、吉野の対象の決め方には、悉く従えない。否定的結論が導き出されてしまうのである。

ならば、内田説はどうか。こちらのイニシへ／ムカシ使用例のとらえ方を批判すれば、以下のようになる。

まず、基本中の基本から批判する。論文なら、イニシへ／ムカシの使い分けに関する注釈書なり辞書なり論文なりの名を明示すべきなのに、それがない。学会誌収録論文である点や、『大鑑』も同様に何によったか明示しない点を考えると（第一章および次節参照）、こうした風潮が学界全体に浸透しないか、不安にすらなる。

内容を見ていっても、否定的結論に至る。以下、具体的かつ網羅的に批判していく。内田が、

「いにしへ」は個々の人の記憶とは別に、客観化された過去

と述べるうちの「個々の人の記憶とは別」に関しては、私見で言うところの経験外に当たるからいいとしても、「客観化された過去」に関しては、いかがなものか。第一章では、『万葉』題詞・左注、『風土記』中の『豊後』『肥前』『播磨』、『霊異記』におけるムカシ使用例の具体数を示し、「明確性あるいは記録に適す特質ゆえのムカシ偏重」を説いたが、「客観化された過去」を受けもつのは、漠然性のイニシへでなく明確性のムカシと見ていい。

ちょうど、内田も、イニシへ使用例の前にムカシ使用例をとりあげているので、後者から見ていくと、内田は、

「むかし」は個々の人の記憶として回顧されるような主観的に見られた過去を言うもの、―中略―漠然とし

た過去を言うもの

と述べる。「個々の人の記憶として回顧」に関しては、私見で言うところの経験内に当たるからいいとしても、「主観的」ととらえるのは、問題がある上に（注24参照）、そもそも、例示が四つと不十分で頷けず、さらに、「漠然」性の指摘が問題となる。内田が例示する一例目は、第一章で例示し、ムカシの連続感・明確性がわかる指摘として援用した望月説でも例示される（「上代のムカシ」中の「ムカシ見シについて」）、次の『万葉』三一六番歌。

　昔見し象の小川を今見ればいよよさやけくなりにけるかも

後述する「知ラヌ」イニシヘ使用例との比較で見れば、明確性を示すことは明らかで、「漠然」性を示すものではない。二例目は、連続感・明確性のムカシ使用例としてⅡ節で例示し、前々節で振り返った『伊勢』六〇段収録歌と同じ『古今』一三九番歌。やはり、明確性を示し、「漠然」性を示す例たり得ない。三例目は、連続感・明確性のムカシ使用に当たるとして例示した『古今』八八九番歌（Ⅱ節・前々節参照）。「漠然」性を示す例と認められない点は、一・二例目と同様である。四例目は、経験内の過去に対するムカシ使用ととれる、

　長しとも思ひぞはてぬ昔より逢ふ人からの秋の夜なれば

という『古今』六三六番歌。そうとれるのは、たとえば、『新編全集』の訳に、

　普通いわれるように、単純に長いものと思いこむわけにはいかないよ。昔から逢う人次第でどうとも思われる秋の夜なのだから。

とあるとおり、「秋の夜長」といった一般論に反対できるほどの明確な経験にもとづいていることがわかるからで、読みとるべきは、「漠然」性ならぬ明確性と考えられる。これまで見てきたように、内田のムカシ使用例のとらえ方には、悉く従えない。みな、「漠然」性を示してはいなくて、正反対のムカシ連続説に帰結する明確性を示していた。ムカシ連続説の適用が妥当であり、否定的結論に至るのである。

　つづいて、イニシヘ使用例。『むかし』は個々の人の記憶として回顧されるような主観的に見られた過去を言

うもの、―中略―漠然とした過去を言うもの」ととらえていた内田は、それ「に対して」とした上で（傍点田口）、前述のとおり、『いにしへ』は個々の人の記憶とは別に、客観化された過去」とつづけ、「歴史的過去とも言」っている。内田説の場合、ムカシは「主観的に見られた過去」「漠然とした過去」なのに「対して」、イニシへは「客観化された過去」「歴史的過去」、といった図式になる。そして、その「客観化され」ていて「歴史的」でもある後者の特徴は明確性と換言できるから、内田説では、イニシへが明確性、ムカシが「漠然」性を受けもつことになり、逆に、私見では、イニシへが漠然性、ムカシが明確性を受けもつ。逆の内田説には、当然、従えない。また、そもそも例示が不十分で頷けない点はこちらも変わらず（内田は、第一章で『直接体験し』ている連続的で明確な『近い過去』である故『妹』生前の時代を、心理的に遠く断絶的で漠然と感じてい」ると述べた『万葉』一七九八番歌を特例的にあつかっており、それを除くと七つになる）、問題があると言わざるを得ない。内田が例示する一例目から見ていっても、そうである。一例目は、故人生前の時代に関する例として、歌番号および故「有馬皇子の変があった当時」に対する歌であることを第一章で述べ、Ⅱ節では例示もした『万葉』一四四番歌。断絶感・漠然性のイニシへ使用であることを指摘済みであり、明確性を示す例とは見なせない。二例目は、前々章で論じ、前章で振り返った『万葉』三四〇番歌。〈隔世のイニシへ〉使用例と考えたが、隔世の感があるなら、漠然性を示す例と見てよく、一例目同様、明確性を示す例とは認められない。三例目は、第一章で論じ、前章で振り返った『万葉』三七八番歌。遠く断絶的で漠然とした第一句「古の」に始発する表現方法からは、明確性でなく漠然性を読みとるべきである。四例目は、第一章のイニシへ―ケムの親和性のところで例示した『万葉』四九七番歌。漠然とした断絶的過去に対する推量ゆえイニシへ―ケムになるものと思われ、イニシへ―ケムの親和性はイニシへの断絶感・漠然性を示している。もちろん、明確性を示す例とは言えない。五例目は、

　いにしへにありきあらずは知らねども千年のためし君にはじめむ

という『古今』三五三番歌。ここで思い出したいのは、内田が一つ目のムカシ使用例として示していた、「昔見し」

ではじまる『万葉』三一六番歌、および、それを含む『万葉』歌を例に「知ラヌ」イニシヘ／「ムカシ見シ」を比較する望月説である（前述した「上代のムカシ」中の「ムカシ見シについて」に加え、「上代のイニシヘ」中の「知らぬ過去、忘れかけた過去を言うイニシヘについて」が関係し、五例目を「遠いがゆえにわからない過去」の例として示す「平安時代のムカシとイニシヘ」中の「源氏物語までのイニシヘ」も関係する）。第一章では、その望月説を、「イニシヘ／ムカシの断絶感・漠然性／連続感・明確性がわかる指摘」として援用した。「いにしへにありきあらずは知らねども」とある五例目も、望月が例示する『万葉』歌中の「知ラヌ」イニシヘ使用例と同一視できるため、五例目から読みとるべきは、明確性ならぬ漠然性と言える。六・七例目は、Ⅱ節（および前々節）で論じた『古今』仮名序の「古の世々の帝」「古よりかく伝はる」。仮名序の「古よりかく伝はる」を含む「古の世々の帝」等に関しては、断絶感・漠然性のイニシヘ使用と考えられたから、六・七例目は、明確性を示す例たり得ない。さらに、内田論文の本論に前置される国語学部分の例示から離れ、肝心の『古今』八八七番歌「いにしへの野中の清水ぬるけれどもとの心を知る人ぞくむ」に関しても言うなら、この歌の「いにしへ」の場合、一般論としては「知」られていない漠然性の方をこそ重視すべきように思う。「けれど」で切り替わる前の、一般論を言う上句内に「いにしへ」がある点が重要で、その「いにしへ」からは、明確性とは逆の漠然性を読みとらねばならない（この漠然性は断絶感と結び付き、断絶感・漠然性を補う望月説が注目される**【注19】**）。内田のムカシ使用例のとらえ方につづき、内田のイニシヘ使用例のとらえ方にも、悉く従うことはできない。みな、明確性を示してはおらず、その正反対のイニシヘ断絶説に帰結する漠然性を示していた。イニシヘ断絶説の適用が妥当であり、こちらでも否定的結論に至るのである。

以上、内田が示す『万葉』『古今』の例を具体的かつ網羅的に批判し、否定的結論に至った。それらの例に関しても、これまでどおり、イニシヘ断絶／ムカシ連続説で説明すべき、と述べ、内田説に対する批判を終えたい。

吉野説批判に戻ろう。まだ対象の決め方に関してしか批判していない、イニシヘ連続／ムカシ断絶説と言える吉野説に対しては、イニシヘ／ムカシ使用例のとらえ方に関する批判をせねばならない。以下、やはり具体的かつ網羅的に批判し、正反対のイニシヘ断絶／ムカシ連続説をこそ『古今』に適用すべきであることを説いていく。まず、歌以外の例から見ると、Ⅱ節で述べたとおり、真名序においても、仮名序においても、イニシヘ断絶／ムカシ連続説の優位とイニシヘ連続／ムカシ断絶説の劣位＝前者適用の妥当性が言えていた。

なお、詞書・左注に関しては、第一章で述べた『万葉』題詞・左注に関する指摘を参照されたい。同章では、『万葉』の歌ならぬ題詞・左注、『風土記』中の『豊後』『肥前』『播磨』、『霊異記』、といった記録的性格の強い類のものを見ると、顕著なムカシ偏重が認められる。『万葉』では、題詞冒頭付近で時代提示する際、「古」を用いず、用いるなら必ず「昔」を用い（三七八六・三七八八・三七九一・三八〇三・三八〇四番）、注における「右、伝へて云はく」以下の時代提示もそうである（三八〇八・三八一〇番）

と述べ、『豊後』『肥前』『播磨』や『霊異記』における具体的を数も示してから、

これほどまで顕著なムカシ偏重が認められれば、ムカシは記録類に向いた語と言えるし、ムカシ連続説に帰結する明確性からそうなっている、とも言える。明確性あるいは記録に適す特質ゆえのムカシ偏重、ということである（『角川古語』の「むかし」の項にある「古くからの伝承で実際にあったことだということを示したりする」用法が該当する）。

とも述べて、『紀』にもムカシ偏重が認められる点や、明確性あるいは記録に適す特質ゆえのムカシ使用例が『紀』のほか『記』および『風土記』中の『出雲』にもある点を指摘した（『風土記』中残る『常陸』に関しては、前々節で述べたとおり、つづく第二章で詳述した）。

『古今』に戻ると、詞書・左注にイニシヘ使用例はなく、二一九・七三六・八三七・八五三・八五七番の詞書と四〇六・八九五・九七三・九九四番の左注にムカシ使用例があり、時代提示として冒頭付近にある「昔」は、

この歌は、「昔、―中略―よめる」となむ語り伝ふる

この歌は、ある人、「昔、―中略―つかはせりける」となむ言へる

ある人、この歌は、「昔―中略―なりにけり」となむ言ひ伝へたる

という四〇六・九七三・九九四番の左注中に、見出すことができる。みな、引用した第一章の指摘であげた『万葉』三八〇八・三八一〇番の左注におけるムカシ使用例と同一視できる。また、引用したとおり、『万葉』三七八六・三七八八・三七九一・三八〇三・三八〇四番の題詞や『豊後』『肥前』『播磨』や『霊異記』を含め、「記録的性格の強い類のもの」に「顕著なムカシ偏重が認められる」なら、これら三例もそのように考えるべきはずで、上代以来の伝統を受け継ぐ歌集編者の、明確性あるいは記録に適す特質ゆえのムカシで全体を統一しようとする意識が反映されているものと思われる（前々章の『紀』や前節の『土佐』では、地の文中にあるか話し言葉中にあるかを重視したが、題詞・詞書・左注の場合は、「曰く」「云はく」以下あるいは「　」書きの箇所であっても、題詞・詞書・左注全体が明確な記録としての客観的記述ととれるため、地の文的な記録の一部と見る）。補足しよう。そうした伝統が『八代集』全体に受け継がれていく道筋も、考え得る。吉野は、「八代集の詞書・左注にはムカシが多く用いられる」のに対し「イニシへが用いられることは極めて少ない」ことを指摘しているし、ムカシ使用例かりあってイニシへ使用例がないムカシ偏重の傾向が『古今』詞書・左注と同じく『後撰』詞書・作者名に認められるのも**[注20]**、伝統を受け継いだからと見ていい**[注21]**。『古今』詞書・左注（および『後撰』詞書・作者名）もまた「記録的性格の強い類のもの」にほかならず、明確性あるいは記録に適す特質ゆえのムカシで全体を統一しようとする歌集編者の意識が反映され、それで「顕著なムカシ偏重」になっているものと思われる。

さて、『古今』詞書中の例で残っているうちの八三七・八五三・八五七番の三つに関しては、前節で見た『土佐』の地の文中にある「昔へ人」「昔の人」「昔の子」の四例を思い出してほしい。そこでは、一見変わらず心中にある故人に対するムカシ使用と見なせそうに映る例であっても、そうとらず、日記筆者の全体的統一意識によるムカシ使用例ととった。詞書中の例で残っているうちのこれら三つも、故人に対する哀傷歌の詞書のなかにあるが

[注22]、日記筆者の全体的統一意識によるムカシ使用ととった『土佐』の地の文中にある「昔へ人」「昔の人」「昔の子」の四例のように、歌集編者の全体的統一意識によるムカシ使用ととっておく。あと残っているのは、次の、

昔あひ知りて侍りける人の、秋の野にあひて、物語しけるついでによめる

右大臣住まずなりにければ、かの昔おこせたりける文どもをとり集めて返すとて、よみておくりける

といった二一九・七三六番の詞書中の両例や、

この三つの歌は、昔ありける三人の翁のよめるとなむ

といった八九五番の左注中の一例で、「記録的性格の強い類のもの」にほかならない『古今』詞書・左注中にあるなら、やはり、明確性あるいは記録に適す特質ゆえのムカシで全体を統一しようとする歌集編者の意識が反映されていると考えられる。

歌以外の詞書・左注には、ムカシ連続説に帰結する明確性で説明可能な例ばかりがあって、ムカシ連続説適用が妥当と言える（裏返して言うなら、イニシへ断絶説に帰結する漠然性を思うと、イニシへ使用例のなさにも頷ける）。加えて、吉野が詞書・左注におけるムカシ使用例をどうとらえているかに関しては注21で批判したとおりであり、ムカシ断絶説には悉く従えない。イニシへ断絶／ムカシ連続説の優位とイニシへ連続／ムカシ断絶説の劣位は、真名序・仮名序にとどまらない。吉野の対象の決め方につづいて、ここでも否定的結論が導き出される。

次は、歌。ただし、既出の歌を再度説明することはしない。イニシへ使用例では、注13の八八八番歌、本節の三五三・八八七番歌、ムカシ使用例では、Ⅱ節・前々節・本節の八八九番歌、前々節の一〇〇三番歌、本節の一三九・六三六番歌、といったところが既出で、これらは、イニシへ連続／ムカシ断絶説とは正反対のイニシへ断絶／ムカシ連続説適用が妥当と思われた。ちなみに、吉野は、『竹取』の、前世に当たるムカシ使用例である、

昔の契りありけるによりてなむ、この世界にはまうで来たりける。

に関しても、次のようにとらえる（傍点田口）。

「この世」に対する「むかしの世」という意識が濃い

しかし、第一章の注のところで述べ、前節で振り返ったとおり、「前世とは、近くないけれど連続的な過去」であり、前節では、「話者『かぐや姫』にとっての、『近くないけれど連続的な過去』である『前世』を言ってい」るとして、「連続感ゆえのムカシ使用とと」った。言うまでもなく、ムカシ連続説適用が妥当で、そうなら、『新編全集』が「前世での人」と訳す、次の『古今』五二〇番歌「昔」も変わらず、連続感をこそ重視せねばならない。

来む世にもはやなりななむ目の前につれなき人を昔と思はむ

吉野は、右を、「現在との間に何らかの点において断絶感があることが読み取れる」ムカシ使用例ととらえるが、そのムカシ断絶説には従えない。これも、前述の既出歌と同様にあつかい、以下、残る例を論じていく。実は、イニシヘ使用例は一例以外全例既出であり**【注23】**、残るは七三四番歌のみで、ムカシ使用例は右以外の諸例が残っている。以下、イニシヘ使用の残る一例を説明し、ムカシ使用の残る諸例を四種に分けて説明する。

前者の、残る唯一のイニシヘ使用例とは、次の七三四番歌である。

古へになほたちかへる心かな恋しきことにもの忘れせで

注18で述べたとおり、「変わらず心中にある故人の過去に対しては、ムカシ使用になると考えられる」。ただし、この場合は、「それでもやはり」の意の「なほ」に注目すれば、一般的には「たちかへ」り難く「忘れ」そうな遠い過去でも、詠者の「心」は「なほたちかへる」、ということになり、その過去「古へ」は、一般的には遠く断絶感あるものととらねばならない。となれば、イニシヘ断絶説適用が妥当ということになる。対して、吉野は、

「恋の日々」は遠い過去のことであるが、「ひたすらに恋しく逢いたいというという気持ち」はその頃と同じく今も存在する

ととらえ、「その頃と同じく今も存在する」点を重視するイニシヘ連続説の立場にある。とは言うものの、ここでは、一般的に断絶的な過去である点を重視せねば、「なほ」も活きてこないから、吉野説に従うことはできない。

一方、後者の、残るムカシ使用例の一種目は、既出の一三九・六三六・八八九番歌同様、経験内の過去に対するムカシ使用例で、ムカシの連続感もあり、一六三・六三〇・八六九・九四〇番歌および九〇九番歌が該当する。

昔へや今も恋しき郭公故里にしも鳴きて来つらむ

という一六三番歌から見ていくと、これが、たとえば、『新編全集』が、

今は女主人のいなくなった若いころの思い出の家を訪ねた時に、ほととぎすに託して作者の心を詠んだ

と考えるような、「ほととぎすに託して作者の心を詠んだ」歌なら、詠者にとっての経験内の過去「昔へ」を詠んでいるし、「今も恋しき」からわかる「恋し」さの連続感にも注目せねばならない。加えて、『新編全集』が、

私はあらぬ評判を立てられると残念だから、あなたのことを昔も今も知らない、とはっきり言っておきましょう。

と第二句以降を訳す六三〇番歌や、

この絹は実は昔から、深紫のように深い、私のあなたに対する心で染められているのですよ。

と第三句以降を訳す八六九番歌や、

遠い昔を恋い慕って流す私の涙であったよ。

と下句を訳す九四〇番歌においては、みな、「私」の思い出＝経験内の過去が詠み込まれ、「昔も今も」同じ対応・「昔から」不変な「あなたに対する心」・「遠い昔を」忘れられずに「恋い慕」いつづける気持ち、といった具合に、連続感も感じられる。さらに、

誰をかも知る人にせむ高砂の松も昔の友ならなくに

という九〇九番歌に関して言えば、『新編全集』が、

私は誰を心を知り合った親友としたらいいのだろうか。高砂の松は私に負けない老齢ではあるが、松では昔馴染の友人にはならないのだから。

と訳すとおり、「昔の友」とは「昔馴染の友人」で、それは仮想して言う「友人」であって、実際に経験をともにした「友人」ではないものの、その仮想して言う「友人」が「昔馴染」であれば、忘れず思い出のなかにありつづけるはずの、経験内の連続感ある者を仮想していることになる（第一章で論じた『万葉』三〇九番歌に似たところがあるので、参照されたい）。このように、経験内の過去に対するムカシ使用で、ムカシの連続感もあるのが、一種目であり、ムカシ連続説適用が妥当なことは、言わずもがなである。一六三番歌を除くこれらに関し（吉野が一六三番歌をムカシ使用例に含めていないことは後述）、吉野は、「現在との間に何らかの点において断絶感があることが読み取れる」ムカシ使用例ととらえるが、「読み取」るべきは連続感であって、そのムカシ断絶説に従うことはできない。

なお、吉野が「イニシへは現在との連続性において捉えられた過去であり、ムカシは現在と断絶している過去である」とまとめていることはⅠ節で紹介したが、

「ムカシは現在と断絶している過去である」といった場合、断絶しているのは時間ではない。かつての自分をとりまく状況が現在のそれと断絶しているのである。そのきっかけになったのは主に人事の変化であるが、その変化を断絶と意識しているのは話者である。

とも述べていて、イニシへに関しては、次のように述べている。

過去から現在へ、また現在から過去へと連続して流れる時間が感じられているだけであり、現在と過去を断絶させる意識はない。

時間的な断絶／連続感の問題としてとらえるイニシへに対し、ムカシに関しては異なるとらえ方をしているようで、右のとおり、「断絶しているのは時間ではない。かつての自分をとりまく状況が現在のそれと断絶している」とする【注24】。しかし、「かつての自分をとりまく状況が現在のそれと断絶している」なら、隔世の感のような時間的断絶感（および漠然性）を感じるのが普通で、そういう変化した「状況」では、たとえば、Ⅱ節で六〇段収

録歌と比較した『伊勢』六二段収録歌のように、ムカシ使用ならぬイニシへ使用になるのが基本と考えられる（逆に、そこまで変化していない「状況」では、六〇段収録歌のように、イニシへ使用ならぬムカシ使用になるのが基本と考えられる）。とにかく、右の吉野説にも従えないし、前述の一六三・八六九・九四〇番歌に関し補足すれば、確かに、「女主人」が「いなくなった」り、「あなた」が昇進したり、過去が「遠い昔」とされたりして、「かつての自分をとりまく状況」に変化があるとは言え、各詠者がそれら経験内の過去を「昔」と詠む三首で重要なのは、「状況」の変化より、そうした変化と無関係に連続する「恋し」さ・「心」・気持ちのはずで、そうした連続感ゆえのムカシ使用例ととらえるべきである（吉野は、「昔」ならぬ「昔へ」を用いる一六三番歌を、前々節で論じた同語使用の一〇〇三番歌とともに、「本稿で扱うべくして扱い得なかった」例とするけれど、ムカシ使用例に含めるのが素直と思われる）。また、後述するように、何に対してムカシを使用しているかを考える必要がある。

二種目に移ろう。こちらも、右で述べた、変化と無関係な連続感ゆえのムカシ使用例、具体的に言えば、自然の不変・連続感を言うのに適すムカシ使用例と言える。吉野は、一種目の六三〇・八六九・九四〇番歌および九〇九番歌同様、次の四二・五七・一四四・七四七・八五一番歌に関しても、自然ならぬ人事に対するムカシ使用と見て、「現在との間に何らかの点において断絶感があることが読み取れる」ムカシ使用例ととらえる。しかし、こちらでも連続感を「読み取」るべきであり、ムカシ断絶説に従えない点は変わらない。

　人はいさ心も知らずふるさとは花ぞ昔の香ににほひける
　色も香もおなじ昔にさくらめど年ふる人ぞあらたまりける
　いそのかみふるき都の時鳥声ばかりこそ昔なりけれ
　月やあらぬ春や昔の春ならぬわが身ひとつはもとの身にして
　色も香も昔の濃さに匂へども植ゑけむ人の影ぞ恋しき

というように、みな、自然に対するムカシ使用であって、自然の不変・連続感を言うのに適すムカシ使用と見ていい。四二番歌から言うと、「知らず」と詠む「人」事と対比して「花」＝自然が「昔」ながら「の香ににほ」う点を詠んでいるのであり、その自然は、変化して断絶感がある人事に対し、不変なまま連続（循環）している。ここで思い出してもらいたいのが、漠然性（および断絶感）のイニシへ使用ととれる八八七番歌に関し前述した、「一般論としては『知』られていない漠然性の方をこそ重視すべき」とした私見である。八八七番歌では、『けれど』で切り替わる前の、一般論を言う上句内に『いにしへ』がある点が重要で」あり、どこまでの範囲あるいは何に対しての使用か考えねばならない点は、四二番歌も該当する（こちらは、下句内に、自然の不変・連続感を言うのに適すムカシが使用されている）。また、五七番歌の場合も、不変なまま連続（循環）する自然に関し推量する上句内に「昔」があり、かつ、「ど」で切り替わってから、下句で変化して断絶感ある人事を詠んでおり、そこからは、自然の不変・連続感／人事の変化・断絶感、といった対比**[注25]**、および、自然の不変・連続感を言うのに適すムカシ使用が、見えてくる**[注26]**。一四四番歌で言えば、第二句までの「いそのかみふるき都」が変化して断絶感ある人事、第三句以降の「時鳥声ばかりこそ昔なりけれ」が不変なまま連続（循環）する自然に当たり、四二・五七番歌と同様なことが言える（望月論文の注のところには、「このムカシは、単なる遠い過去をさすとするよりも、具体的に何をさすかつまびらかでないが、『心引かれるあの頃』ととる方が穏やか」とあるけれど、右のとおり、自然の不変・連続感を言うのに適すムカシ使用ととるべきである）。第一章で論じた『伊勢』四段収録歌と同じ七四七番歌に関しては、同章で、『歌ことば』の「昔」の項にある、

　去年までの恋人とともにした春が「むかし」なのである。

といった指摘を紹介し、次のように、本章で新たな説明を加えることも予告していた。

　これに関しては、経験内の過去に対する連続感・明確性のムカシ使用ととる点に頷くと同時に、第五章で、人事の変化・断絶感と対比される自然の不変・連続感を言うのに適すムカシ使用としても説明する（なぜ二つの見方が可能となるかも同章で述べる―中略―）。

経験内の過去に対する連続感・明確性のムカシ使用と見られる点（見方Aとする）、および、自然の不変・連続感を言うのに適すムカシ使用と見られる点は（見方Bとする）、どちらも結局はムカシ連続説に帰結し、そこは揺らがないとしても、そうしたA・B二つの見方がなぜ可能なのか。これを、二種目としてあげた四二・五七・一四四・七四七・八五一番歌で説明すると、経験内の過去において知覚した対象が、変化と無関係な連続感ある自然の場合、詠者が感得するのは、経験内の過去ゆえの連続感・明確性、および、経験・知覚した対象である自然の不変・連続感の両方と思われる。どちらも感得されるなら、A・B二つの見方が可能なのは、当然と言える（経験外の過去に対するムカシ使用例の一四四番歌は除く必要があり、そちらは見方Bのみ可能としておく［注27］）。

さて、七四七番の詞書にせよ、『伊勢』四段の地の文にせよ、「春」の到来を示す「梅」は確かに咲いていて、かつ、「月」もしっかり眺めているため、言い換えると、それらを詠者が十分経験・知覚しているため、「去年」＝ムカシの自然は不変なまま連続（循環）している。よって、上句は、注25で述べた自然の不変・連続感／人事の変化・断絶感を対比する伝統も考え併せ、反語ととって、「月」も、「春」も、詠者が経験・知覚した「昔」のまま連続（循環）しており、自然は不変、と読もう。そして、「わが身ひとつ」も「もとの身」のままなのに、置かれた状況は恋人と逢えないものへと変化し、断絶感がある、と読もう。要するに、ここで重要なのは、「わが身ひとつ」が「もとの身」のまま、という不変・連続感ではなく、言外に示す、置かれた状況＝人事の変化・断絶感であって、ひいては、自然の不変・連続感とそれの対比が重要と思われる。「梅」が確かに咲き、「月」もしっかり眺める、という詞書あるいは地の文の情報は、自然の不変・連続感を詠む歌へとつながり、それと対比するかたちで言外に人事（状況）の変化・断絶感を詠んでいれば、これまでと同じ対比あるいはムカシ使用と考え得る。それは、八五一番歌にも当てはまる。この歌は、前述の五七番歌と同型なので、当てはまるのは明らかである。八五一番歌で「色も香も昔の濃さに匂」う主体は、詞書によると、「あるじ身まかりにける人の家の梅の花」であり、「梅の花」＝自然は不変なまま連続（循環）しても、人事には変化があって、「あるじ」＝「植ゑけむ人」は亡くなり、詠者はその「影」を「恋し」がっている。五七番歌と並べて見ると、ともに、上句では「昔」ながらに「色も香も」不変なまま連続（循環）しているのが、「ど」「ども」で切り替わって下句に入り、人事の変化・断絶感を詠むから、同型と見ていい。一種目につづき、二種目でも、ムカシ連続説適用が妥当であると言える。

自然の不変・連続感を言うのに適すムカシ使用ととれる二種目につづく三種目は、次の九八番歌。

花のごと世の常ならば過ぐしてし昔はまたもかへりきなまし

これは、二種目から派生したムカシ使用ととれる。第二句までは、「花」＝自然「のごと」く「世」＝人事が「常」＝不変なまま連続（循環）する「ならば」、と詠んでいて、変化と無関係な連続感ある自然をモデルにして不変で連続感ある人事を仮想し、第三句以降で、結局は、自然の不変・連続感／人事の変化・断絶感を対比する伝統に則り**［注28］**、かつて経験した「昔」が「かへ」ってきたであろうに（「かへ」ってはこない）、と人事の変化・断絶感を詠む。自然の「ごと」く「昔」を「かへ」ってくるものと仮想しても、実際は、人事の「昔」なので、「かへ」ってくるはずはない。換言すれば、自然のモデルは人事に当てはめられない。二種目では、不変・連続感を言うのに適すムカシを自然に対し使用したが、対象を異にする三種目でも、そうしたムカシを使用する点で、二種目と共通し、かつ、経験内の過去に対するムカシ使用でもある点で、二種目の伝説的過去を偲ぶ一四四番歌以外の四例と共通する。三種目は、連続感を「読み取」るべきところも同じなら（吉野は、この歌に関してもまた、「現在との間に何らかの点において断絶感があることが読み取れる」ムカシ使用例ととらえている）、当然、ムカシ連続説適用が妥当なところも同じであって、やはり、ムカシ断絶説に従うことはできない。

最後に、四種目。これまた、吉野が右のようにとらえるムカシ使用例であるが、「読み取」るべきは、今度は連続感ではなく、連続感と結び付く明確性と思われる。もちろん、連続感のムカシでも、明確性のムカシでも、ムカシ連続説適用が妥当な点は変わらないし、ムカシ断絶説に従えないところも変わらない。該当するのは、

世の中は昔よりやは憂かりけむわが身ひとつのためになれるか

という九四八番歌である（『新編全集』の訳は「この世は昔からつらい世の中だったのだろうか。それとも、わが身ひとりにとってだけこんなにつらいものになったのだろうか」）。上句では、「世の中」が「憂」い状況を、普遍的な人事の真理として仮想し、その是非を考え、下句では、普遍的ならぬ個人的な「わが身ひとつの」人事ばかりが「憂」い可能性も思う。仮に第二句が「いにしへよりや」であったら、第一章で詳述した経験外の〈ずうっと的網羅性〉を強調する〈イマに連なるイニシへ〉に該当し、古来の伝統を前面に出していることになって、それはそれで成り立つが、「昔よりやは」とあるこの場合は、明確な普遍的真理を仮想してのムカシ使用ととれば、すなわち、明確性のムカシ使用ととれば、これはこれで成り立つ（『古今集校本』昭52・9笠間書院にない異文「いにしへよりや」がもしあったとしても、右のように考えればいいし、どちらも成り立つ点に関しては、前々節で述べた「個々の気持ちに応じて変わる可変的基準とその可変性のなかにある法則性」で説明可能）。

これまで、歌以外、イニシへ断絶／ムカシ連続説適用が妥当と思われた既出歌（および五二〇番歌）、それら以外の歌、といった具合に、『古今』におけるイニシへ／ムカシ使用の全例を見てきた。内田説同様、吉野説にも悉く従うことはできない、との否定的結論が導き出された。『古今』の全例に関しても、イニシへ断絶／ムカシ連続説で説明すべき、と述べて、吉野説に対する批判も終えたい。

では、『古今』の次の勅撰集である『後撰』に目を移し、今度も、イニシへ断絶／ムカシ連続説適用が妥当であることを説いていく。中古のなかでも比較的早い成立のものということであれば、『後撰』あたりまで含め得るのでは、と考えられる（つづく勅撰集の『拾遺』『後拾遺』に関しても、I節で予告したとおり、次節で触れる）。

まずは、歌以外から。『後撰』詞書・作者名を見ると、イニシへ使用例はなく、ムカシ使用例ばかりがある。『古今』詞書・左注に関し前述したところでは、その伝統が『後撰』詞書・作者名へと受け継がれて、「明確性あるいは記録に適す特質ゆえのムカシで全体を統一しようとする歌集編者の意識が反映され、それで『顕著なムカシ偏重』になっている」、といった指摘をした。そうした「意識」の「反映」と「それで」の「顕著なムカシ偏重」は、実際、六一・一〇九七・一一七二・一一七四・一一七五・一二一三・一二八七・一二九一・一三五五番の詞書や四二六番の作者名「むかしの承香殿のあこき」に見られる（例示は省略する）。『古今』詞書・左注につづいて、『後撰』詞書・作者名に関しても、ムカシ連続説に帰結する明確性での説明が可能で、ムカシ連続説適用が妥当なように思う。

次に歌に移って、イニシヘ使用例から見ていく。イニシヘを使用する歌としては、

女郎花折りも折らずもいにしへをさらにかくべき物ならなくに
いにしへの野中の清水見るからにさしぐむ物は涙なりけり
いにしへの心はなくや成にけんたのめしことの絶えて年ふる
いにしへも今も心のなければぞ憂きをも知らで年をのみふる
いにしへも契てけりなうちはぶき飛び立ぬべし天の羽衣

という三五〇・八一三・一〇〇三―一〇〇四・一一一二番歌が目に入る。ただし、これらのうち、八一三番歌は、第二句まで同じ前述の『古今』八八七番歌によったためのイニシヘ使用にすぎないし、一〇〇四番の答歌は、一〇〇三番の贈歌にある「いにしへ」を受けてのイニシヘ使用にすぎないので、残る三五〇・一〇〇三・一一一二番歌に関し、『新大系』の訳を引用しつつ説明する。第三句以降で、

昔のことを今さら心にかけるというようなものではないのですからね。

と断ち切っている三五〇番歌や、詞書に「男」が「ひさしうをとづれ」なかったとの情報を有し、下句で、

頼みにさせなさっていたあのお手紙さえも、絶えたままで年月がたってしまったことでありますよ。

と諦念漂う一〇〇三番歌からは、ともに断絶感が感じられる。ここまでは、『古今』歌におけるイニシヘ使用例同様、イニシヘ断絶説で説明することができる。気になるのは一一一二番歌で、これは、

庶明朝臣中納言になり侍ける時、うへの衣つかはすとて　右大臣

思きや君が衣をぬぎかへて濃き紫の色を着むとは

という一一一番の贈歌に対する答歌であり、前述の、第三句以降の訳のみ示した『古今』八六九番歌との状況の共通性が注目される。そちらも、やはり中納言に昇進した藤原国経に、源能有が、次のように贈る歌である。

色なしと人や見るらむ昔より深き心に染めてしものを

右は、経験内の過去に対する、連続感もあるムカシ使用例と言えた。とすると、一一二番歌とこの歌の場合、答える／贈るのちがいがあるとは言え、前者は断絶感のイニシへ、後者は連続感のムカシを使用しているから、前々節で論じた「客観的には似たような過去に対し、どんな気持ちでいるかという個々の主観の相違が、イニシへ／ムカシ使用いずれかに定まらない可変的基準を招来するケース」に該当する。まず、前者の気持ちから考えよう。『新大系』は、答歌である前者が応じた贈歌の第一句「思きや」に関し、

思っただろうか、全く思いもしなかった…という意。

と注している。また、同書は、贈歌で詠まれた「全く思いもしなかった」気持ちに応じるかたちで、答歌に「御存じなかったようにおっしゃるが」と補い、第二句までを、次のように訳す。

御存じなかったようにおっしゃるが、あなたとは、古い昔から深い契りがあったのですね。

答歌詠者は、「古い昔から深い契りがあった」ことに領いている。贈歌詠者にとっても、答歌詠者にとっても、経験内の過去で、本来なら連続感ある過去のはずである。とは言うものの、「全く思いもしなかった」と贈られてきたからには、それに応じねばならず、応じるのであれば、贈歌詠者の「全く思いもしなかった」気持ちが包含する、中納言昇進前の過去と昇進時のイマの間にある断絶感にも、合わせる必要がある**［注29］**。つまり、それに合わせようとする答歌詠者の気持ちゆえの、断絶感のイニシへ使用と考えられるのである。一方、後者の『古今』八六九番歌には、同じく贈る側の一一一番歌が有する「全く思いもしなかった」というような断絶感はなく、対照的に、「昔から、深紫のように深い、私のあなたに対する心で染められている」連続感があり、連続感のムカ

シ使用になっていた。前者は、過去とイマの間の断絶感を詠んできた贈歌詠者の気持ちに合わせ、イニシへを使用して答え、後者は、過去とイマの間に連続感を感じ、ムカシを使用するわけである。これは、たとえば、前々節で『人麿』が代表格であった和歌隆盛時代に関して言うなら、彼を隔世の感ある時代の断絶的かつ漠然とした先達と見たい場合は、イニシへを使用するし、『末の世』＝『今』へと連続する、『あと』＝手本として後『塵』を拝すべき明確な先達と見たい場合は、ムカシを使用する」と述べたのに類する、「個々の主観の相違に影響された結果」にほかならない。ともかく、残る一一二番歌もイニシへ断絶説で説明可能となるなら、『古今』歌のイニシへ使用例につづき、『後撰』歌のイニシへ使用例に関しても、イニシへ断絶説適用が妥当と言える。

一方、ムカシ使用の歌には、八一・一〇二・一六〇・二八八・六三三―六三四・七一〇・九一一・一〇〇五・一〇九七・一一〇六・一一三五・一一四〇・一一九二・一二五三・一二八七・一三〇一・一三九六・一三九九・一四〇七番歌があり、『古今』歌におけるムカシ使用例のところで行なった分類に従うなら、経験内の過去に対するムカシ使用で、ムカシの連続感もある一種目、および、変化と無関係な連続感ゆえのムカシ使用で説明し得る、自然の不変・連続感を言うのに適すムカシ使用の二種目が、殆どを占める。一種目としては、下句で「昔忍の草をこそ見れ」と詠む二八八番歌・下句で「昔のつまと人に語らむ」と詠む六三三―下句で「昔も今も知らずとを言はん」と詠む六三四番歌（本節既出『古今』六三〇番歌と同一歌）・「昔せし我がかね事の悲きは如何ちぎりし名残なるらん」と詠む七一〇番歌・下句で「昔ながらの我が身とも哉」と詠む九一一番歌・第二句以降で「昔だに見し見し宇治橋を今は渡ると音にのみ聞く」と詠む一〇〇五番歌・下句で「昔おぼゆる円居したれば」と詠む一〇九七番歌・下句で「声は昔のうとからぬ哉」と詠む一一〇六番歌・「あはれてふ事になぐさむ世中をなどか昔と言ひて過ぐらん」と詠む一一九二番歌・下句で「我は昔の我ならなくに」と詠む一二五三番歌・下句で「昔の秋を思やりつゝ」と詠む一二八七番歌・「寝ぬ夢に昔の壁を見つるよりうつゝに物ぞかなしかりける」と詠む一三九九番歌・下句で「昔の春を思やりつゝ」と詠む一四〇七番歌が該当し**［注30］**、二種目としては、「鶯の鳴くなる声は昔にて我が身ひとつのあらずもある哉」と詠む八一番歌・「花の色は昔ながらに見し人の心のみこそうつろひにけれ」と詠む一〇二番歌（注26参照）・「いひそめし昔のやどの杜若色許こそかたみなりけれ」と詠む一六〇番歌・「めづらしや昔ながらの山の井はしづめる影ぞくちはてにける」と詠む一一三五番歌・「思出て来つるもしるくもみぢ葉の色は昔に変らざりけり」と詠む一三〇一番歌・「いたづらに今日や暮れ南あたらしき春の始は昔ながらに」と詠む一三九六番歌が該当する【注31】。そして、残るは次の一一四〇番歌だけとなり、こちらは明確性のムカシ使用と考えられ、その点で『古今』歌の四種目と共通する。

昔より鞍馬の山といひけるは我がごと人も夜や越えけん

「鞍馬の山」は普遍的に人々が「い」ってきた地名であり、それは明確なことなので、明確性のムカシ使用と見ていい【注32】。一・二種目がムカシ連続説で説明可能なことは『古今』歌と同様であるから、言うまでもないが、『古今』歌の四種目と共通するこの歌も、同じく、それで説明が可能となる。『古今』歌のムカシ使用例につづいて、『後撰』歌のムカシ使用例に関し、これまた、ムカシ連続適用が妥当と言うことができるのである。前述したとおり、『後撰』歌のイニシへ使用例に関しては、『古今』歌のイニシへ使用例につづき、イニシへ断絶説を適用するのが妥当と言えた。それと右を総合して言うなら、こう言える。すなわち、『古今』歌のイニシへ／ムカシ使用例につづいて、『後撰』歌のイニシへ／ムカシ使用例に関し、イニシへ断絶／ムカシ連続説適用の妥当性を言い得る、と。もちろん、『後撰』歌に関してそう言えるということは、『古今』歌に関し具体的かつ網羅的に行なってきた内田説批判・吉野説批判を補足できるということでもある。

『古今』の全例に関しても、『後撰』の全例に関しても、同様に、イニシへ断絶／ムカシ連続説で説明すべき、との結論が導き出された。さらに言うと、中古のなかでも比較的早い成立のもの、たとえば、『古今』『後撰』に加えて、第一章で論じ、前章や本章で振り返った『伊勢』、および、同じく本章で論じた『土佐』『竹取』といったところも、上代のものと同様にイニシへ断絶／ムカシ連続説で説明できるため、上代↓中古におけるイニシへ

／ムカシ使い分けの継承を指摘し得る。第一章から述べてきている私見は、本章の本節に至っても依然として揺らがないままであるばかりか、上代↓中古の継承を示すことで一層強く補足されたように思う。

注
19 「知ラヌ」イニシへを指摘する望月は、「いにしへの」と「野中の清水」の間に、

（遠イ過去ノコトデ今ハ忘レラレテイル）

と補う（「平安時代のムカシとイニシへ」中の「源氏物語までのイニシへ」）。上句内で言っている一般論から読みとるべきは、右のような断絶感・漠然性と見ていい。一方、イニシへ連続説の吉野は、この歌の「いにしへ」に関し、

過去において存在したものが、現在もなお存在しているという文脈で用いられている。

と述べた上で、次のように解釈する。

野中の清水は今は生ぬるくなってはいるが、今も存在する。その水を人々が汲み取ることも今も昔も同じである。

しかし、この歌の「いにしへ」を考えるに際し重視すべきは、連続感ではなく、右の望月説の（　）書きからわかるような断絶感・漠然性のはずで、内田説に対して述べているとおり、イニシへ断絶説での解釈が妥当と思われる。

20 『後撰』左注がないのは、当てはまる例がないからである。

21 吉野は、「本稿で十分に考え得なかったこと」として、「八代集の詞書・左注にはムカシが多く用いられるが、イニシへが用いられることは極めて少ない」点をあげ、仮名序の場合と比較しつつ（仮名序に関する私見は前述のとおり）、

和歌ではムカシが用いられることが多いのは、—中略—過去との断絶を詠嘆することが多いことによる

とした上で、次のような推測もしている。

詞書・左注にムカシが多く現れるのは、主となる和歌と同様の立場で過去が捉えられていることを示唆するのではないか

しかし、『古今』『後撰』の歌以外、すなわち、記録類における「顕著なムカシ偏重」は、ムカシの明確性あるいは記録に

適す特質が中古に受け継がれたととるべきであり、もち出すなら、ムカシ断絶説ではなく、明確性と結び付くムカシ連続説をもち出すのが妥当と思われる。また、吉野が『古今』歌のムカシ使用例をムカシ断絶説でとらえる点に対しては後で批判するとして、「和歌と同様の立場で」という点をここで批判するなら、詞書・左注の場合、歌集編者の、明確性あるいは記録に適す特質ゆえのムカシで全体を統一しようとする意識の反映を考えねばならず、それゆえの「顕著なムカシ偏重」ととるべきであって、歌と詞書・左注は、「同様」に見てはならない。ちなみに、『古今』の前の『万葉』を見ると、題詞・左注には、イニシへ使用例が四つあり、ムカシ使用例ばかりではない。とは言え、それらは「特例的なものと見なせる理由」を有し、「私見が揺らぐことはない」(第一章の注のところで説明済み)。付言しておく。

22 各詞書では、次のように、「身まか」ったことが説明され、「昔」も用いられている。

昔あひ知りて侍りける人の身まかりにける時に

身まかりてのち、―中略―昔を思ひやりてよみける

身まかりにける時に、―中略―昔の手にてこの歌をなむ書きつけたりける

これら「昔」は、みな、故人生前の時代をさす(特に死後間もない一・三例目は、『土佐』の「昔へ人」以下四例に似る)。

23 一〇〇三番歌の本文に関し、『新編全集』は『忠岑集』によって「いにしへに　くすりけかせる」を補うが、吉野がテキストにした『新大系』の本文はそうなっていないし、『新編国歌大観』の本文も同じである。よって、『新編全集』が補ってできたこのイニシへ使用例は除くべきと考える(実は、補う方が、断絶感・漠然性のイニシへ使用を説く私見にとって好都合なのであるが、これがなくてもイニシへ断絶説の優位＝前者適用の妥当性は十分言える)。

24 吉野は、

イニシへは「経験の時間」における過去を表す語であり、ムカシは「思索の時間」における過去を表す語であるととらえるけれど、ならば、たとえば、定説化している経験外／内の過去に対するイニシへ／ムカシ多用を、どう説明するのか。経験外の過去に対するイニシへ多用と逆になるため、従うことはできない(吉野は、経験内の過去に対するムカ

シ多用を認めながらも、「この語に本質的に関わることではない」とするが、それをも包括して説明できる論の構築こそ必要である）。また、「思索の時間」とは、「一定の速度で流れる」という「経験の時間」に対し、「流れは不定であ」るそうで、

　恋人との時間は早く流れ、退屈な時間はゆっくり流れたり、あるいは、まったく停止したりし、遠い昔のことが昨日のことのように思われたり、目の前に起きていることを過去に起きたことのように感じるなど、過去・現在・未来の秩序を無視するといった特徴をもつ。

と説明される。察するに、主観的なものととらえているようである。しかし、前々節「個々の気持ちに応じて変わる可変的基準とその可変性のなかにある法則性」において、「個々の主観の相違が、イニシヘ／ムカシ使用いずれかに定まらない可変的基準を招来する」としたのを、思い出してほしい。個々の主観の相違に影響されるところがイニシヘ使用例のみならずムカシ使用例にも認められる以上、吉野説のこちらのとらえ方にも、やはり、従えない（前述した、ムカシを「主観的に見られた過去を言うもの」ととらえる内田説にも、同様な理由から従えない）。

25 第一章で論じた『万葉』三一番の近江荒都歌第二反歌に関しても、「上句で自然の不変・連続感、下句で人事・断絶を詠んで対比する点」が「三〇番の第一反歌から承継されている」ことを指摘した。自然の不変・連続感／人事の変化・断絶感は、伝統的な対比と言える。ただし、そうした伝統からはずれて、自然をも変化・断絶するものと考える、

　世の中はなにか常なるあすか河昨日の淵ぞ今日は瀬になる

という『古今』九三三番歌もあったり、その自然の変化・断絶感に人事の不変・連続感を対比させる、逆パターンの、

　明日香河淵は瀬になる世なりとも思ひそめてむ人は忘れじ

という同六八七番歌もあったりして、全てが伝統的な対比に当てはまるわけではないことは、付言しておく。

26 吉野は、『古今』五七・九八・一三九・八五一・九〇九・九四〇番歌、および、『後撰』一〇二番歌等の『古今』より後の歌を例として、

ムカシは自然の不変と人の転変を対照させる場合に用いられることが多い

と述べ、次のようにも述べる。

ムカシの場合は、過去は現在とは断絶した時間として客観的あるいは対照的に捉えられている

「対照させる」例「が多い」という点に関しては、これら『古今』二種目や後述する『後撰』二種目の存在から頷けるものの（注31で人事の変化・断絶感が詠まれていないことを指摘する『後撰』一三〇一番歌は除く）、両二種目の過去は、自然が主体となる過去にほかならず、たとえば、第二句までが「花の色は昔ながらに」とある『後撰』一〇二番歌で言えば、「花」＝自然が主体の「昔ながら」の不変・連続感を詠んでいる。自然の不変・連続感／人事の変化・断絶感、といった対比のなかのムカシに関しては、自然／人事のどちらが主体で、不変・連続感／変化・断絶感のどちらを言っているか、言い換えると、どこまでの範囲あるいは何に対しての使用か、という点を見極めねばならない。そして、自然の不変・連続感を言うのに適すムカシ使用であることを指摘すべきように思う。

27 四二・五七・一四四・七四七・八五一番歌のうち、伝説的過去を偲ぶ一四四番の素性歌に関し、『新編全集』は、

ほととぎすによって旧都を偲ぶ趣向であるが、「都」といっても伝説のようなもので、人麿の旧都回顧の作に見られる迫力にも現実味にも乏しい。

と評する（傍点田口、引用文中の「人麿の旧都回顧の作」に関しては注25の近江荒都歌参照）。「伝説」的で「現実味にも乏しい」経験外の過去に対してなのに、断絶感・漠然性のイニシへならぬ連続感・明確性のムカシを使用しているのは、「時鳥」の「声ばかり」は「昔」のまま、という自然の不変・連続感を詠んでいるからにほかならない。

28 たとえば、『古今』で前にある九七番歌を見ても、

春ごとに花のさかりはありなめどあひ見むことは命なりけり

とあり（『新編全集』は『八代集抄』に『人間不定をおもひてよめり』といっているとおり」と評している）、注25で触れた近江荒都歌第一・二反歌と同じ対比の伝統に則っていることがわかる。

29　同書は、次のように評してもいる。

　庶明の中納言昇進には右大臣師輔が大きな役割を果たしたのであろうが、その援助を表面に出さずに、「思ひきや」（予想もしなかった）と言ったところに、師輔の人柄がうかがわれる。

実際にそのとおりであったなら、贈歌詠者は、そらとぼけて『思ひきや』（予想もしなかった）と言った」ことになり、答歌詠者も、そのそらとぼけに応じたことになる。

30　筆跡を「寝ぬ夢」で「見」て故人を思う一三九九番歌と故人生前の昨「春を思」う一四〇七番歌に関し、補足する。『万葉』歌では「故人生前の時代あるいは故人自身に対し断絶感・漠然性のイニシへ使用が基本」であると第一章以来繰り返し述べてきたのに反する、『後撰』歌中のムカシ使用の両例ではあるけれど、そうした特例としては、注18で示した『万葉』四四八三番歌があり、心理的に近く連続的で明確な故人に対してはムカシを使用していた。心理的に近く連続的で明確な故人に対してなら、イニシへでなくムカシを使用できるわけで、両例は『万葉』四四八三番歌と同様に考えたい。

31　『古今』歌におけるムカシ使用例の場合、自然の不変・連続感を言うのに適すムカシ使用である二種目は、経験内の過去に対するムカシ使用でもある点で一種目と共通するものが殆どであったが（伝説的過去を偲ぶ一四四番歌を除く五例中四例）、『後撰』歌の場合も、二種目のムカシ使用例は、そうした共通性を有するものばかりである。ただし、藤原時平の「声」を自然の「鶯の鳴くなる声」として詠む八一番歌に関しては（『新大系』は「鶯の鳴くなる声」を「男の声。鶯の季節であったからそれに寄せた」と注している）、説明が必要と考える。この歌における人事は、不変・連続感の自然をモデルにして人事に当てはめた上句「鶯の鳴くなる声は昔にて」と、下句「我が身ひとつのあらずもある哉」があり（同書は下句を「私一人だけが昔のままではなく、すっかり変ってしまったことでありますよ」と訳す）、後者をこそ自然／人事の対比における人事とすれば、上句における自然（実際はそれをモデルに人事に当てはめたもの）の不変・連続感／下句における人事の変化・断絶感、といった対比が見えてくる。ゆえに、この歌も、二種目ひいては前述の「そうした共通性を有するもの」に含め得る。また、自然の不変・連続感／人事の変化・断絶感という対比に関しては、右の八一番歌を含め、『後撰』二種目の殆どに、その対比を認めることができる（人事の変化・断絶感が詠まれていない一三〇一番歌は、対比を認められない）。

32 明確性ならぬ漠然性と結び付くケムが使用される点については、前述したイニシヘ―ケムの親和性と符合しないように映るため、説明する。ここでは、「鞍馬の山と」普遍的に「い」ってきた地名に関し、その原因を推量してケムを使用しているのであり、地名として「鞍馬の山と」普遍的に「い」ってきたこと自体は明確で、漠然としてはいない。そこに注目すればムカシ使用でよく、一一四〇番歌があろうと、イニシヘ―ケムの親和性を説く私見が揺らぐことはない。

VI　結びあるいはイニシヘ／ムカシ使い分けの曖昧化の進行

イニシヘ／ムカシ使い分けの曖昧化が進んでくるのは、I節で述べたとおり、『落窪』『源氏』『拾遺』『後拾遺』あたりと考えられる。

『源氏』にやや先行するとされる『落窪』から見ると、『新編全集』二六六頁に、

いにしへにたがはぬ君が宿見れば恋しきこともかはらざりけり

とある歌の「いにしへにたがはぬ」は、「君が宿」が「たがは」ないのに加え、「恋しきこともかはらざりけり」の「も」からわかるように「かはら」ないとも詠んでいるわけで、本来なら、前節で繰り返し述べた不変・連続感を言うのに適すムカシを使用すべきと思われるが、イニシヘを使用する。とは言え、この歌の詠者は、四行前の話し言葉中で、同じ過去を「むかし」と言っている。また、同書七五頁には、次の箇所を含む手紙が出てくる。

今宵は「昔はものを」となむ。

さらでこそそのいにしへも過ぎにしを一夜経にけることぞかなしき

「昔はものを」に関し、同書は、『拾遺』にある藤原敦忠歌をさすと注している（七一〇番歌の第四句に当たり、彼は906－943）。右の場合、「昔」も「いにしへ」もともに経験内の過去であり、本来用いるべき前者が後者に詠み換えられるのである。『落窪』の両例からは、イニシヘ／ムカシ使用いずれでもかまわない曖昧化の進行がわかる。

『源氏』では、望月が「平安時代のムカシとイニシヘ」中の「源氏物語のムカシとイニシヘの紛らわしい例について」であげる次の「昔より」「いにしへより」は（『新編全集』三巻一五六～一五七頁）、同様な例と見なすことができる。そこでは、主人公の話し言葉中において、相手との縁に関し、

　昔より心憂かりける御契りかな。

とあり、つづく相手→主人公→相手の話し言葉の後にくる地の文を見ると、相手のさまに関して次のようにある。

　いにしへよりも、もの深く恥づかしげさまさりて

同様な経験内の時間の流れを「昔より」とも「いにしへより」とも表現するのは、どちらでもよくなっているからで（本来用いるべきは前者）、曖昧化の進行と考え得る（注6にあげた白井論文でも、ここは、「両者が同じ箇所に混在している場合」の、「ほぼ同じ時点のことをイニシヘともムカシとも述べて」いる例として示される）。しかも、その地の文のさらに三行後には、主人公が相手と「昔今の物語をしたま」うことが記されている。同じ地の文において同じ過去が「いにしへ」とも「昔」とも表現され、どちらでもよくなっていることが一層わかる。

歌集は、どうか。I節でも前節でも予告したとおり、『後撰』につづく『拾遺』『後拾遺』くらいは、『落窪』『源氏』といった物語とのバランスを考え、見ておきたい。なお、念のため断っておく。曖昧化の進行と言っても、上代以来のイニシヘ／ムカシ使い分けが全く見られなくなるわけではない。従来どおりの本来的使い分けに該当する例もあれば、しない例もある。右の『落窪』『源氏』の例で言うと、本来的使い分けに該当するのはムカシ使用例、しないのはイニシヘ使用例になる。重要なのは、そのように後者が目につくようになれば、上代からのイニシヘ／ムカシ使い分けの継承が言えなくなる、ということである。以下、該当例を示した上で非該当例を示し、

曖昧化が進んでくるさまを見ていこう。

まず、上代以来のイニシヘ／ムカシ使い分けが全く見られなくなっていないことがわかる、従来どおりの本来的使い分けに該当する例から示す。たとえば、第一章で「イニシヘ／ムカシの断絶感・漠然性／連続感・明確性がわかる指摘」として援用し、前節でも内田説批判のところで援用した望月説は、「知ラヌ」イニシヘ／「ムカシ見シ」を比較するものであったが、次の『拾遺』一二〇五／三三七番歌は、

いにしへは誰がふるさとぞおぼつかな宿もる雨に問ひて知らばや

昔見しいきの松原事問はば忘れぬ人も有と答へよ

とあって、そのように比較する望月説がここでも援用可能なことを示している。また、同章をはじめ、前節でも示したイニシヘ―ケムの親和性に関する私見に関しても、次の『拾遺』五六三番歌が当てはまる**［注33］**。

いにしへも登りやしけん吉野山山より高き齢なる人

漠然とした断絶的過去に対する推量ゆえのイニシヘ―ケムと見ていい。ほかにも、

いにしへはつらく聞えし鳥の音のうれしきさへぞ物はかなしき

世を捨てて宿を出でにし身なれどもなを恋しきはむかしなりけり

とある『後拾遺』一〇一九／一〇二九番歌の比較からは、出家前と変わって断絶感ある前者には「いにしへ」、不変なまま「なを恋しき」連続感のある後者には「むかし」を用いていることがわかる。また、『後拾遺』は『古今』と同様に序を有し、『新大系』で言えば、イニシヘ使用例は九・一一頁にあり、九頁の方は、

今も古へもすぐれたる中にすぐれたる歌を書き出だして、こがね玉の集となむ名づけたる。

となっていて、ムカシ使用例は、七頁に、

昔、梨壺の五つの人といひて、歌に巧みなる者あり。いはゆる大中臣能宣、清原元輔、源順、紀時文、坂上望城等これなり。さきに歌の心を得て、呉竹のよゝに、池水の言ひふるされたる人なり。これらの人の歌を

さきとして、今の世のことを好むともがらに至るまで、目につき、心にかなふをば入れたり。

とある。「今」「古へ」の秀歌を集める意の九頁の方にある「こがね玉の集」、すなわち、藤原公任撰の『金玉集』を『新編国歌大観』で見ると、たとえば、「山辺赤人（あか人）」「中納言家持」「人丸」「沙弥満誓」「安部なか丸」等のはるか遠い上代の作者名があって、まさしく隔世の感ある「古へ」に目を向けており、イニシへ断絶説で説明可能と考えられる。そして、七頁「昔、梨壺の五つの人」は、『古今』真名序における比較的近く連続的で明確な前時代の「昔、平城天子」に似ているし（Ⅱ節参照）、イマへとつながる連続感も手本とすべき明確性も有する先達として見たい気持ちから連続感のムカシ使用になる、ととった、『古今』一〇〇三番歌「あはれ昔へ　ありきてふ　人麿こそは　うれしけれ　―中略―　末の世までの　あととなし　今もおほせの　くだれるは　塵に継げとや　塵の身に　積もれる言を　問はるらむ」にも似ている（Ⅲ節参照）。こちらは、ムカシ連続説でなければ説明できない。上代以来のイニシへ／ムカシ使い分けは、確かにまだ認められる。

ちなみに、ひとつづきの箇所にイニシへ／ムカシが両方ある例としては【注34】、『後拾遺』一〇七四番に、

いにしへにふりゆく身こそあはれなれむかしながらの橋を見るにも

という歌があり、『拾遺』一二七九番には、

いにしへは散るをや人の惜剣花こそ今は昔恋ふらし

という、故敦忠生前の時代に対して「いにしへ」も「昔」も用いる歌がある（「人」は敦忠をさし、本節既出）。前者の場合、「むかしながらの橋」＝物に対し、「いにしへにふりゆく」我が「身」＝人事を思っている。自然ならぬ物の不変・連続感／人事の変化・断絶感、といった対比であり、不変なままで連続感ある物に「むかし」、変化して断絶感ある人事に「いにしへ」を用いていれば、従来どおりの該当例で、ここまでは問題ないと見ることができる。

一方、後者は、従来どおりでない非該当例に当たり、問題ありと見ねばならない。第一章以来繰り返し述べて

きたとおり、『万葉』歌では「故人生前の時代あるいは故人自身に対し断絶感・漠然性のイニシヘ使用が基本」なので、上句のイニシヘ使用は気にならないものの、「花」が同じ故人生前の時代を「恋ふらし」とラシで推定する下句のムカシ使用は気になる。故人生前の時代ゆえの断絶感や、推定的態度からも読みとれる漠然性は（第一章参照）、イニシヘとこそ結び付いたはずなのに、ここでは、ムカシを使用している。両様に詠める下地ができており、曖昧化の進行を感じる。

また、次の『後拾遺』五九五・八五三・九二九番歌からも、同様なことが言える。

いにしへになにはのことも変らねど涙のかゝる旅はなかりき

いつとてもかはらぬ秋の月見ればたゞいにしへの空ぞこひしき

いにしへの着ならし衣いまさらにそのものごしのとけずしもあらじ

とあるうち、一・二首目は、「いにしへ」と「なに」も「変ら」ぬ点や「いにしへの空」も現前の景と「かはらぬ」点を詠んでいて、それなら、不変・連続感を言うのに適すムカシ使用でよさそうなのに、イニシヘ使用になっている。三首目にしても、『新大系』が、

あなたは彼とは昔馴染みだから、物越しの応対が打ち解けなかった（着馴らした衣の裳の腰帯を解かなかった）わけでもないでしょう。

と訳すとおり、「いにしへの着ならし衣」には「彼とは昔馴染み」であることが暗示され、そのような場合は、従来、ムカシ使用が基本であった。前節で、『古今』九〇九番歌のムカシ使用例「誰をかも知る人にせむ高砂の松も昔の友ならなくに」に関し、「仮想して言う『友人』が『昔馴染』であれば、忘れず思い出のなかにありつづけるはずの、経験内の連続感ある者を仮想していることになる」と述べたとおりである。とすると、「着ならし衣」あるいは「昔馴染み」に対するこちらも、ムカシ使用でよさそうである。ところが、イニシヘ使用になっているのである。そして、経験・知覚している対象を詠む右三首が全てそうなら、経験外／内の過去に対するイニシヘ／

ムカシ多用と符合せず、曖昧化の進行を感じずにはいられない。

イニシヘ―ケムの親和性は、どうか。やはり、曖昧化が進んできていると考えざるを得ない例はあり、

すだきけん昔の人もなき宿にたゞ影するは秋夜の月

有度浜にあまの羽衣むかし来てふりけん袖やけふの祝子

という『後拾遺』二五三・一一七二番歌は、ともに漠然とした断絶的過去に対する推量ゆえイニシヘ―ケムになるべきところ、ムカシ―ケムになっている。従来どおりなら、荒廃した「河原院にてよ」んだと詞書にある前者は、荒都の都時代を心理的に遠く断絶的で漠然と感じた『万葉』二六六番歌のイニシヘ使用例と同じく（第一章参照）、イニシヘ使用でよさそうであるし、天人伝説を詠んだ後者は、遠く断絶的で漠然とした伝説的人物「衣通姫」あるいは「猿丸大夫」にイニシヘを使用したⅡ節の『古今』両序の例と同じく、イニシヘ使用でよさそうである。けれども、前者も、後者も、ムカシが使用されている。そして、ケムとの親和性はムカシならぬイニシヘにあるはずなのに、ムカシ―ケムになっており、イニシヘ―ケムではなくなっている。曖昧化の進行がわかる例と言うほかない。

『後拾遺』で要注目な例はまだあり、たとえば、一〇八五／一〇八六番歌では、故人の詠草を「いにしへのちゞのこがね」とも「むかしの人のたまづさ」とも詠み、一〇八九／一〇八八番歌では、和歌の家の伝統を「いにしへの家の風」とも「むかしの流れ」とも詠む。一一〇四／一一〇五番歌を見ると、変わらず心中にある故人に関し、「いにしへの近きまもりを恋ふるまに」「千ゞにつけ思ひぞ出づるむかしをば」と両様に詠んでいる。これら「いにしへ／むかし」どちらでもかまわない例からも、曖昧化の進行はわかる。

以上、『拾遺』『後拾遺』においては、上代以来のイニシヘ／ムカシ使い分けが全く見られなくなるわけではないことが認められる一方で、そうした使い分けが当てはまらない例も見られるようになることが認められた。前述したように、従来どおりでない後者が目につくようになることは、上代からのイニシヘ／ムカシ使い分けの継

承が言えなくなることを意味する。本章では、中古のなかでも曖昧化が進行する前の比較的早い成立のものを選び、前章につづいてイニシヘ断絶／ムカシ連続説でわかることを述べてきたが、曖昧化が進んでくるのがいつ頃か、換言すれば、イニシヘ断絶／ムカシ連続説を適用し得るのがどのあたりまでかも把握しておかねば、と考え、本節で『落窪』『源氏』や『拾遺』『後拾遺』の例を示した次第である。イニシヘ断絶／ムカシ連続説を適用し得る範囲は、大まかな線引きではあるものの、明らかにできたように思う。

さて、前々章までの「上代におけるイニシヘ／ムカシの使い分け」シリーズとそれ以降の「イニシヘ断絶／ムカシ連続説でわかること」シリーズから成る本書では、イニシヘ断絶／ムカシ連続説の妥当性を説き、その説でこそ精確に理解できる例があることを説明してきた。また、本書の副題に「中古への流れにも論及して」とあるように、本章には、上代の例に関する前章までの私見を、中古のなかでも比較的早期の例に関する私見を以て補足する目的があり、上代→中古の継承を示すことで補足し得たと考える。『伊勢』の例限定なら、第一章や前章でも上代の例に関する私見を補足していたが、中古の例を増した本章によって、一層強く補足できた。そして、継承が言えなくなるのは、言い換えると、曖昧化が進んでくるのはどのあたりかも、本節で明らかにできた。

それでも、問題はまだ残っている。たとえば、日本一大きな古語辞書『角川古語』と日本一大きな国語辞書『日本国語』で正反対のイニシヘ断絶／ムカシ連続説とイニシヘ連続／ムカシ断絶説が並存する混乱があっていいはずはなく、『大鑑』の「いにしえ」の項を見ると、さらに不安になる（注8で述べたとおり、第一章は、そうした二説並存の混乱の紹介からはじまり、同書同項に対する批判もあるので、参照されたい）。『日本国語』の「いにしえ」の項でイニシヘ連続／ムカシ断絶説と併記される、経験外／内の過去に対するイニシヘ／ムカシ多用は、「素直に思」うなら、イニシヘ連続／ムカシ断絶説ならぬイニシヘ断絶／ムカシ連続説とこそ結び付くけれど、同様にイニシヘ連続／ムカシ断絶説を採る『大鑑』の「いにしえ」の項になると、定説化している経験外／内の過去に対するイニシヘ／ムカシ多用ではイニシヘ連続／ムカシ断絶説と整合しないからか、「話者が、かつて経験し」た過去に対してはイニシへ使用「とされ」、「話者の意識とは関係な」い過去に対してはムカシ使用「とされる」、といった具合に逆方向にねじ曲げられる。すなわち、経験内／外の過去に対するイニシへ／ムカシ多用である。そうすれば、見た目のみは、イニシへ連続／ムカシ断絶説に合って落ち着く。しかし、「話者が、かつて経験し」た過去に対してはイニシへ使用「とされ」、「話者の意識とは関係な」い過去に対してはムカシ使用「とされる」のが、果たして、定説なのか。否、経験外／内の過去に対するイニシへ／ムカシ多用が定説のはずである。また、「とされる」と言う以上、典拠は明示すべきである。そして、イニシへ断絶／ムカシ連続説でなくイニシへ連続／ムカシ断絶説であるべき説明が、十分な強度と平明さを有してなされているのか。同書同項を見る限り、頷けない。同書の「むかし」の項が世に出るまでに、本書が議論のきっかけとなり、微力ながらも混乱を収束に向かわせる一助となれれば、幸甚である（もちろん、Ⅱ節で述べたとおり、現状は厳しく、収束は一筋縄ではいかないと予想される）。

なお、最後に、付言しておく。私が、議論の端緒を開こうとして、上代文学をあつかう某全国的学会に研究発表を申し込み、断られても、範囲を『伊勢』にまで広げ、「上代におけるイニシへ／ムカシの使い分けと『伊勢物語』六〇・六二段」と題して平26・12の名古屋平安文学研究会で研究発表したり、範囲をさらに『古今』『後撰』『伊勢』『竹取』『土佐』にまで広げ、「イニシへ／ムカシの使い分けは上代から中古へどう継承されたか―『古今集』『後撰集』『伊勢物語』『竹取物語』『土佐日記』を例に―」と題して平30・10の中古文学会で研究発表したりして**【注35】**、自説の周知とそれに関する議論の機会を得ようとつとめ、僅かでも混乱の収束に向けて行動したことは、前々章で触れた。そして、中古文学会における研究発表原稿にもとづいて、本書の最終章として本章の初出論文を書きはじめたのであるが、完成に近づくにつれ、あることが気になりはじめた。周知・議論の機会を得るべく地方的研究会や全国的学会で研究発表したのに、本章の初出論文だけリポジトリで閲覧できないのはおかしいのでは、と。そこで、前章までの初出論文と同じく、学内の雑誌に載せ、リポジトリで閲覧可能としたのであった（次頁からのあとがきに初出論文一覧がある）。
ただし、初出論文は補訂前のプロトタイプであるから、それらより本書の方で読んでもらいたいのは、言わずもがなである。

注33 『拾遺』には、この清原元輔歌たけでなく、同章でケムとの親和性を示す例として示した『万葉』一一一八番歌が、「人麿」歌として四九一番にあり、『新大系』は「人麻呂歌集歌の異伝」と注している。

34 たとえば、本節で例示している『後拾遺』五九五・一〇一九番歌の場合、詞書が「～昔を思いでてよめる」「～昔を思出でてよみ侍ける」と終わってから、歌が「いにしへ～」とはじまる。しかし、詞書と歌に跨る場合は、ひとつづきの箇所にイニシヘ／ムカシが両方ある例に含めない。「詞書・左注の場合、歌集編者の、明確性あるいは記録に適す特質ゆえのムカシで全体を統一しようとする意識の反映を考えねばなら」ない、と注21で述べたとおり、詞書におけるムカシ使用には、歌と関係なく、右の理由があるからである。ここでとりあげるのは、同一歌のなかに両方ある場合に限る。

35 その研究発表には、時代別に細分化されすぎた学界の現状に対し、上代から中古を見ることの可能性を説いて警鐘を鳴らす目的もあった。また、中古から上代を見ることの可能性を説いた拙稿「山部赤人九四五番歌『都太の細江』考―『万葉集』の表現を中古の表現から見ることの可能性―」（「三田国文」平25・6）もあり、他の拙稿とともに併読されたい。

あとがき（および初出一覧）

上代におけるイニシへ／ムカシの使い分けに関して考えるきっかけとなったのは、拙稿「山部赤人の藤原家之山池歌の表現方法—『万葉集』三七八番歌に見る〈絞り込み〉とその〈同調〉—」（『万葉赤人歌の表現方法　批判力と発想力で拓く国文学』平22・3鼎書房）で論じた、イニシへ使用の歌であった。イニシへ連続説ならぬイニシへ断絶説が妥当であり、その歌にも後者を適用すべき、と説明するために、本書第一章の初出論文「上代におけるイニシへ／ムカシの使い分け—イニシへ断絶／ムカシ連続説の妥当性および『伊勢物語』への流れ—」（「国語国文学報」平27・3）の執筆を思い立ったのであるが、類義語ムカシに関しても、ムカシ断絶説でなくムカシ連続説が妥当であることを説明する必要がある、と思いつつ執筆した。そして、大きな辞書や注釈書の間で正反対のイニシへ断絶／ムカシ連続説とイニシへ連続／ムカシ断絶説の二説が並存する混乱に対し、収束に向けて議論がはじまるようにせねば、との強い使命感を感じ、その拙稿はかなり長いものになってしまった。

とは言え、いざとり組みはじめると、一本のみの論文で説明し得るような問題ではないことがわかった。『風土記』中特異な『常陸』に関しては、別稿を用意する必要があった。また、手薄な『日本書紀』、および、残した問題のある『古事記』に関しても同様で、第二・三章の初出論文「上代におけるイニシへ／ムカシの使い分け（続）—『常陸国風土記』にイニシへ断絶／ムカシ連続説を適用することの妥当性—」（「愛知教育大学研究報告　人文・社会科学編」平28・3）と「上代におけるイニシへ／ムカシの使い分け　（続々）—『日本書紀』にイニシへ断絶／ムカシ連続説を適用することの妥当性—」（「国語国文学報」平28・3）の執筆へとつながっていった。

そうなると、今度は、三本目までの「上代におけるイニシへ／ムカシの使い分け」シリーズを振り返って補足したり、新たな例示で補足したりする、「イニシへ断絶／ムカシ連続説でわかること」シリーズも必要と考えるようになり、第四・五章の初出論文「イニシへ断絶／ムカシ連続説でわかること―『日本書紀』『万葉集』『常陸国風土記』『伊勢物語』を例にして―」（「国語国文学報」平29・3）と「イニシへ断絶／ムカシ連続説でわかること（続）―上代から中古の『土佐日記』『古今集』『後撰集』『伊勢物語』『竹取物語』への継承―」（「国語国文学報」令2・3）をさらに執筆することとなった。ちなみに、総論的な第一章あるいは一本目の拙稿がかなり長くなったのと同じく、締め括り的な第五章あるいは五本目の拙稿もかなり長いものになってしまった。

なお、それら五本の拙稿は補訂前のプロトタイプなので、読むなら、本書の方で読んでほしい。

さて、そうやって五本の拙稿あるいは第五章までを書いてきて思ったのは、自説にとって都合の悪そうな例や説から目を背ける研究者の多さである。提唱者の知名度・学界における勢いで速断するからか、論文の質より業績の量産を優先するからか、十分な検討・批判・議論を経ず立場を決めてしまうのは、いかがなものか。そんな状況を見ると、本書で批判しきたイニシへ連続／ムカシ断絶説派は、減るどころか、増えそうな予感さえする。そして、拙著『伊勢物語相補論』平15・9おうふうや『万葉赤人歌』の私見同様、本書の私見も、都合の悪そうな説として避けられ、真正面からとり組んでもらえないのでは、と考えてしまう。その都合の悪そうな説とは、私見と相容れない側から見てそうであるばかりではない。たとえば、私が多角的かつ徹底して行なってきた『伊勢』三段階成立論批判（『相補論』第一部）、『伊勢』全段を密接かつ縦横につなぎ読んだ嚆矢と言える相補論的読み（同書第二部）、赤人歌七種にわたって批判力と発想力で新境地を拓いてきた表現方法論等、同じ側に立つなら避けて通れないであろう私見をしっかり踏まえた上で乗り越えていってもらいたいけれど、全国的学会のシンポジウムや研究発表および地方的研究会の研究発表で全く触れられず、聞いていて驚いたことがあったし、論文・注釈書の場合でも同じことがあった。単発の論文なら見落としもあろうが、先駆的かつ総合的なもので、閲覧が間に合わないほど直近のものでも、見落としそうな微量なものでもないのに、なぜなのか。同じ側に立つ研究者の先行研究に対するあり方として、残念に思う。もちろん、イニシへ断絶／ムカシ連続説派がイニシへ連続／ムカシ断絶説の論拠に対し避けることなく真正面からとり組まなかったのも、問題と考える（第四章参照）。果たして、二説並存の混乱を収束に向かわせる議論ははじまるのか。その打開策の一つとしての本書ではあるものの、期待し難いというのが実情である。

もう一点、付言しておく。昨今の表層ばかりを見るあり方が改善されず、都合の悪そうな例や説から目を背ける風潮が一層定着すれば、検討・批判・議論といった学問の基本は疎かになる一方と予想される。私が愚鈍と思われるだけかもしれないが、ここで、僭越ながら、私の考える研究者のあるべき姿勢を、『竹取』の「阿倍の右大臣と火鼠の皮衣」の話をたとえとして述べてみよう（『新編全集』では三七〜四二頁）。「財豊かに家広き人」である「右大臣」は、「宝と見え、うるはしきこと、ならぶべき物な」い「皮衣」を購入した。「入れたる箱」も「うるはし」く、表層的な権威としては申し分ない。彼は、それを「持ち」、期待して「かぐや姫」の「家」を訪れた。「まことの皮」衣であれば、彼女は、彼の求婚を受諾せねばならない。「家」の「翁」「嫗」も、結婚を「思」った。表層のみ見ての速断は、当時もありがちなことであったらしい。しかし、表層の「けうらなること」より深層の「火に焼けぬこと」が関心事の、つまり、真偽が関心事の「かぐや姫」の言葉「焼きて試みむ」で流れが変わり、「焼け」ないはずのそれは「めらめらと焼け」、答は「異物の皮」＝偽と出た。研究者なら、「右大臣」「翁」「嫗」でなく「かぐや姫」のような姿勢で深層を見て、「焼け」ない／「焼け」る、すなわち、真偽を考えねばなるまい。本書（および『相補論』『万葉赤人歌』）中で私が批判してきた先行研究と私見のどちらが「焼け」ていなくて、どちらが「焼け」ているか。どちらが真で、どちらが偽か。何よりその一点を、考えてほしい。そして、各章で繰り返し述べたとおり、厳しい現状のなか、微力ながらも収束への一助となれれば、幸甚である。特に、第一・五章で批判した刊行中の『古語大鑑』に対しては、僅かでも抑止力になりたいと思っている。

ちなみに、今後の計画としては、久しく離れていた近世の箏曲地歌歌詞にとり組まねばならないし、『伊勢』では、発表すべき時期をうかがっていた先鋭的試みや（相補論をさらに進めた可変論の序説）、集大成的な注釈にとり組みたい。そうした計画で、かつ、このスタイルを貫いたまま、引退を迎えられたら、と考えている。
ただし、私も採用あるいは昇進の人事で何度か主査をつとめたのでわかるのであるが、前述した業績の量産は、その種の人事における点数計算のために近年益々必要になってきている。そんななか、論の強度や平明さを求めて時間をかけるのは愚鈍としか映らないのでは、と想像される。そもそも、中古の国文学を主な専門とする私が、上代や近世の国文学にも範囲を広げ、分野的にも国語学や国語教育に進出するのは、時代・分野を限定しての公募が基本の今日、転出の可能性を自ら狭めるようなものかもしれない。時代を移ったり新分野に進出したりするのは、それによって得られる学問的メリットがあるからにほかならないけれど、処世術的視座から見れば、デメリットの甚だ大きい、愚鈍なスタイルと見られるだけのような気もする。しかも、先行研究に対し具体的かつ網羅的に批判した上で自説を述べるスタイルは、批判された側からすれば反応したくないであろうから、批判した側は反応を得られない状況に陥り、こちらのデメリットも甚大となる。さらに、その自説が独創的なものなら、受け容れられるのに時間がかかるばかりか、有名でない場合は、前述のとおり、しっかり踏まえられないことも起き得る。
とは言うものの、引退間近までこの愚鈍なスタイルを貫いてこられたのは、それはそれで満足感ある幸せなことではなかったか、と一方で思ってもいる。

令和5年4月、愛知教育大学に就職してから三一年後に記す。

田口尚幸

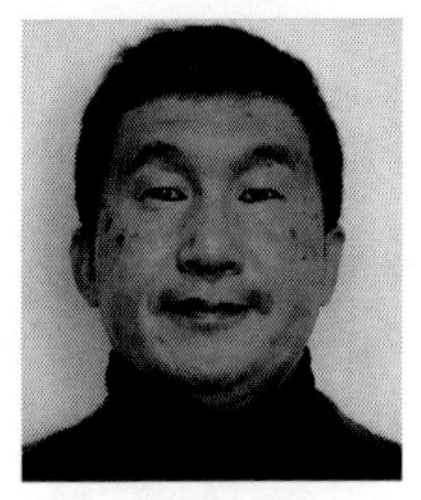

田 口 尚 幸（たぐちひさゆき）

昭和 39 年３月生まれ。岐阜県土岐市出身。本名、尚之（ひさゆき）。慶應義塾大学文学部卒業、同大学院文学研究科修士課程修了。現在、愛知教育大学国語教育講座教授。本来は国文学を専門とし、中古の『伊勢物語』にはじまって、上代の山部赤人歌や近世の箏曲地歌歌詞にまで時代を広げた。分野も広げており、必要に応じて、国語学や国語教育にもとり組んでいる。単著は下記のとおり。

『伊勢物語相補論』

『伊勢物語入門　ミヤビとイロゴノミの昔男一代記』

『読めて書ける伊勢物語　四十五首の恋心』

『万葉赤人歌の表現方法　批判力と発想力で拓く国文学』

『箏曲地歌五十選　歌詞解説と訳』

大学所在地は、〒448-8542 刈谷市井ヶ谷町広沢１。ウェブサイト「愛知教育大学田口研究室」もある（http://www.kokugo.aichi-edu.ac.jp/taguchi/taguchi.html）。

上代イニシヘ／ムカシ考

中古への流れにも論及して

2024 年 3 月 31 日　初版発行

著　者　　田口 尚幸

発行元　　株式会社 三恵社

〒462-0056　愛知県名古屋市北区中丸町 2-24-1

TEL 052-915-5211　FAX 052-915-5019

URL https://www.sankeisha.com

ISBN978-4-86693-938-4